从零开始做餐饮

开店篇

宋宣 著

中信出版集团 | 北京

图书在版编目（CIP）数据

从零开始做餐饮．开店篇 / 宋宣著．-- 2 版．-- 北京：中信出版社，2020.1（2024.12 重印）
ISBN 978-7-5217-1273-5

Ⅰ．①从… Ⅱ．①宋… Ⅲ．①饮食业–经营管理
Ⅳ．① F719.3

中国版本图书馆 CIP 数据核字（2019）第 264115 号

从零开始做餐饮·开店篇

著　　者：宋宣
出版发行：中信出版集团股份有限公司
（北京市朝阳区东三环北路27号嘉铭中心　邮编　100020）
承 印 者：北京盛通印刷股份有限公司

开　　本：787mm × 1092mm　1/16　　印　　张：17.75　　字　　数：251 千字
版　　次：2020 年 1 月第 2 版　　印　　次：2024 年 12 月第 7 次印刷
书　　号：ISBN 978-7-5217-1273-5
定　　价：68.00 元

名人推荐

姚劲波 58 同城首席执行官

如果把开一家餐厅的过程比喻为种树，那么这本书就向读者全方位地展示了一棵小树苗成长为参天大树的过程：栽树苗——餐厅的选址和装修；修枝剪叶——调整餐厅的菜品和服务；为防治病虫害打药——解决开餐厅过程中遇到的问题。相信只要用心研究，这本书会让你在餐饮创业的过程中少走很多弯路。

江南春 分众传媒创始人

餐饮江湖风生水起，越来越多的餐饮项目受到投资人的青睐。有人说中国出不了麦当劳、百胜、星巴克之类的超级餐饮企业，但中国广阔的市场空间以及餐饮职业化趋势的到来，让我们开始期待中国的餐饮品牌在未来走出中国，走向世界。不积跬步，无以至千里。想要做大，还得把眼前的“小事”做扎实，建议每个餐饮从业者都来阅读这本书。

贾国龙 西贝莜面村创始人

这些年，总是有不少年轻人请教我——怎么做好餐饮。我在想，社会能不能提供针对餐饮行业更为专业的知识、经验、教训分享，帮助初创企业快速度过试错期，进入发展的正轨？《从零开始做餐饮 · 开店篇》解决了这个问题。我把下一个十年定义为西贝发展的黄金十年，我更相信，整个餐饮行业一定会迎来更灿烂的明天。

李明元 麦当劳亚太区前副总裁

在假期中读完整本书，非常过瘾。它涵盖了餐饮经营完整的架构及路径，并对市场上最新的成功或失败案例进行了深入浅出的解说。书中既有大师级的理论基础，也有互联网时代的餐饮趋势观察分析，更像是一个有很多实用工具的百宝箱。餐饮新手非常有必要精读这本书，老掌柜也可重温反思。

黄丽燕 李奥贝纳广告公司大中华区总裁

当进入一个行业时，如果能遇上一位前辈，愿意一步步地教你做事，在你没注意的细节处耐心提点你，那真是求之不得的幸运！这本书毫无藏私，像一位手把手教导你的好师傅，在餐饮业方方面面，都巨细靡遗地逐步带你经历所有过程。有人带着你，帮你自信地跨出第一步，未来你的生意就能稳妥地不断发展，并大步走出自己的风格！

华　杉 上海华与华营销咨询有限公司董事长

要让生意好做，就需要顾客源源不绝地来。顾客愿意来，总有一些原因。他们知道一些关于我们的事儿，这让他们愿意来。我们把这些事儿称为企业的品牌资产。我们的所有动作，都要为已有的品牌资产保值、增值，或者形成新的品牌资产。能形成品牌资产的动作，就是有效的。这本书的内容非常扎实，没有装腔作势的虚架子，全是实践出真知的良知良能。这本书告诉你的，就是餐饮经营中的那些有效动作。

王小龙 弘毅投资董事总经理

中国饮食文化博大精深，一代又一代的餐饮人为其倾尽一生。如今，餐饮信仰与商业红利再也不是非此即彼的零和博弈，诸多细分品类都拥有登堂入室的机会。机会永远是为有梦想、有格局、有学习力的创业者准备的，他们既要“仰望天空”，也要“脚踏实地”。本书翔实地记录了餐饮创业从无到有、从小到大的完整过程，值得有志于投身餐饮事业的朋友认真通读。

高德福 喜家德创始人

17年前，我在鹤岗开了第一家喜家德水饺店。一路走来，我深感餐饮创业的不易，餐饮人不仅要有执着向前的心态，还要有专业且创新的经营管理能力。为了发展得更快，我们需要走出自己的“舒适区”，迎接更广阔的“学习区”，这本书或许能带给餐饮同行不一样的思考维度。

杜中兵 巴奴毛肚火锅董事长

认真读完本书，我在18年的创业历程中遇到的坎儿、走过的弯路仿佛过电影般一幕幕浮现在眼前。餐饮行业近年来朝气蓬勃地发展，让很多创业者看到了它的锦绣前程。其实，餐饮行业也是一个死亡率极高的行业。谢谢勺子课堂，我一直坚信未来中国的餐饮一定会代表中国文化走向全球，这本书恰恰是用简单易懂的语言，将我们用十几年的实践才悟到的餐饮管理知识表达出来，让在餐饮行业创业的同人把这个高度复杂的行业变得简单、实用。

刘京京 嘉和一品创始人

这本书通过一个个扎实的案例，触及餐饮经营的方方面面，有事实依据，有理性分析。虽然中国餐饮未来的市场空间十分广阔，但是打算做餐饮的人以及正在做餐饮的人一定要脚踏实地，虚心学习，不断补充给养。创始人的思维边界就是一家企业发展的天花板，这本书或许会给读者一些突破边界的启发。

高　燃 风云资本创始合伙人

作为一个投资人，我曾经参与过一些餐饮项目的投资。读罢此书，我们会发现餐饮经营有非常多的门道。看似创业门槛比较低，但进入这个行业后的深坑却不少。如今，有越来越多的跨界创业者进入餐饮行业，他们不缺创新基因，也不缺营销技巧，最缺的反而是对餐饮本质的深度理解以及对餐饮经营的钻研学习。我相信，这本书会在最短的时间内帮助他们补上这块“短板”。

王洪涛 中国连锁经营协会副秘书长、餐饮连锁委员会总干事

这是一本公益的书，也是一本工具书，用系统的理论和鲜活的案例指导万千餐饮创业者经营餐饮生意。餐饮行业的进入门槛低，成功率同样不高，这本书可以帮助餐饮创业者少走弯路，提高成功率，值得点赞与推荐。

目 录

第八章
品控：最高的竞争壁垒当属菜品本身 / 197

第九章
数据：未来的竞争，都是数据竞争 / 229

推荐序一

餐饮经营的大学问与小道理

贾国龙
西贝莜面村创始人

1988年，我在大学二年级时退学，在内蒙古临河老家开了第一家店，20平方米，12个座位，名叫黄土坡风味小店。店里只有两种菜：鸡肉炒疙瘩、羊肉泡馍。三四个月后，街对面有家店生意不好，我把它盘下来，重新装修为西贝酒吧。当时投资三万多元，我从北京进了好多洋酒，结果当地人喜欢喝二锅头。本来酒吧是不卖菜的，但是喝酒必须有菜，就加了凉菜和面。当时最有名的菜是砂锅面片。人们都说："走，去西贝酒吧吃砂锅面片。"

1999年7月，西贝离开小县城临河进了首都北京——接手了一家原来叫金翠宫海鲜大酒楼的餐厅。一开始找不到门道，前四个月就赔了100多万元。后来改卖莜面，火了。跨年夜，我开着车从长安街穿过，心想这次站住脚了。

2016年7月，我打磨出了西贝燕麦工坊这个新模式，但最后关头，还是决定停止这个项目，因为它承载不了我要达成的开十几万家店的愿景。我的目标是大众市场，要南北兼宜、老少咸宜，人人吃得起。

现在，我又琢磨出一个最新的快餐模式，是一个讲美食爱好者故事的餐厅，正在进行内测，到 2020 年目标开 1000 家店。

回看西贝 31 年的发展史，摸爬滚打一路走来，前 25 年都是乱拳打死老师傅，不断试错，不断修正。直到最近几年，才慢慢积累起了西贝的事业理论——成就人。用最诚的方式待人，用最笨的方法做事。

这些年，总是有不少年轻人请教我——怎么做好餐饮。我在想，社会能不能提供针对餐饮行业更为专业的知识、经验、教训分享，帮助初创企业快速度过试错期，进入发展正轨？

现在出版的这本书，解决了这个问题。作者团队能够提供线上线下的培训课程，西贝也曾经参与过分享。我本人在 2016 年主讲了“西贝大课”，现场反馈的效果很不错。

我来自内蒙古大草原，每年的七八月间，草原上繁花盛开，绚烂多姿，每种花都有自己独特的美。我想整个餐饮行业也是如此，每一个品牌、每一个品类都在自由生长，充分竞争，满足顾客多元化的需求。

我把下一个十年定义为西贝发展的黄金十年，我更相信，整个餐饮行业一定会迎来更灿烂的明天。

推荐序二

餐饮人的“7P狼”法则

李明元
麦当劳亚太区前副总裁

不知何时，我开始养成一早起床就打开手机阅读勺子课堂新鲜文章的习惯，勺子课堂不只追踪报道国内餐饮热点，还有国外最新的产业趋势分析，更难能可贵的是，常常提出不同的观点来挑战传统的餐饮经营思维。

所以我在接到写推荐序的邀约时就一口答应，并在假期中读完整本书，非常过瘾。它涵盖了餐饮开店完整的架构及路径，并对市场上最新的成功或失败案例进行了深入浅出的解说。

这本书既有大师级的理论基础，也有互联网时代的餐饮趋势观察分析，更像是一个有很多实用工具的百宝箱。餐饮新手非常有必要精读这本书，老掌柜也可重温反思。

我从30多年的餐饮学习和历练中总结了一个心法——“7P狼”法则：position（定位）、product（产品)、price(价格)、place(渠道)、people(人员)、promotion(营销)、profit(利润),跟这本书的各个章节异曲同工。

这本书的第一章先谈准备。虽然经营餐厅不是什么高端科技行业,但相当劳心劳力。别人休假的时候正是餐饮人忙碌的时候,特别是当遇到资金不足又不断烧钱的时候,那真是对人生意志力的一大考验。若能谋定而后动,想清楚,准备好,那么即便后续遇到状况,也能适应,做到事半功倍。

第二章谈定位。定位其实就是选择自己的战场并建构"护城河",是谈"取舍",哪些要,哪些不要。有时候,不要的东西反而更难断舍离。书中将"定位理论之父"——杰克·特劳特的差异化理论运用到餐饮行业,从品类、客群、对手、模式、优势等方面多维度举例论述。

定位清楚之后就开始谈其他几"P"狼。

第三章和第四章主要讲渠道。我特别喜欢书里的几句话:"一步差三市""选址就是选客流"。选址是数学题,可以依靠公式计算来提高成功率。装修讲的是场景和用餐体验。

第五章讲产品与核心产品的创新,指出应找出拳头产品,做出爆款之后,再从核心逐步延伸到其他产品。搭配菜单产品的同时就需要定价,必须找到性价比和成本之间的"甜蜜点"。

第六章讲营销。虽然有了核心产品、爆款、美好的用餐环境,但没人知道也是白搭,更何况需要逐步搭建品牌金字塔,追求自己品牌基因的识别度,联结顾客的心理情感,让客人喜欢你,这些都需要营销和沟通。虽然中小餐饮公司没有大笔的营销预算,但幸好我们已经进入移动互联网时代,有新的营销新宠和社群媒体工具,其中西贝莜面村的"亲嘴打折节"就是一个非常棒的案例。

第七章讲人力。人力是推动上述几“P”狼的动力来源。

第八章讲的品控和食品安全是永续经营的基础。要想让顾客再度光临，就看我们对品质、卫生、食品安全的细节执行是否到位。

第九章讲数据，论及了最新的数字科技在餐饮行业的运用。特别是会员管理，这绝对是一个“神器”。当然，数字科技如 AR（增强现实）、VR（虚拟现实）、IoT（物联网）、3D 打印、AI（人工智能）等还在不断变化创新，将它们运用到餐饮业，潜力无穷，值得大家抢先学习，大胆尝试。

宋宣、叶峰涛两位创始人以强烈的使命感带领勺子课堂的年轻团队，一直想为中国餐饮企业做些贡献，非常值得敬佩。这本书是他们最大的贡献。

推荐序三

营销的本质是服务

华　杉
上海华与华营销咨询有限公司董事长

勺子课堂发来这本书的书稿，布置我写一篇推荐序。我浏览了一遍，这本书的内容非常扎实，没有装腔作势的虚架子，全是实践出真知的良知良能。其中涉及华与华的案例——西贝“亲嘴打折节”，我就这个话题写几句。

要让生意好做，就需要顾客源源不绝地来。顾客愿意来，总有一些原因。他们知道一些关于我们的事儿，这让他们愿意来。我们把这些事儿称为企业的品牌资产。

品牌资产，是能给我们带来效益的消费者的品牌认知。那么，西贝的品牌资产是什么呢？

“西贝”这个名字是最大的资产。我们说，知名度第一。华与华为西贝创作的“I LOVE 莜”是其第二个品牌资产，因为它能带来爱的品牌体验。“闭着眼睛点，道道都好吃”是其第三个品牌资产。不好吃不要钱，无条件退菜，甚至主动退菜，这是其第四个品牌资产。西贝莜面村进过联合国，这是其第五个品牌资产。其实，每一个菜品都是其品牌资产，因为顾客是奔着吃这道菜而来的……

往下数下去，你会发现西贝的品牌资产有很多。比如，25 分钟菜上齐，也是其品牌资产。

顾客知道我们的这些事儿，愿意来，就给我们带来了效益。顾客知道这些事儿，乐于讨论，就替我们传播，也给我们带来了效益。

弄明白了品牌资产之后，怎么做呢？我们的所有动作，都要为已有的品牌资产保值、增值，或者形成新的品牌资产。能形成品牌资产的动作，就是有效的。不能形成品牌资产的动作，就是浪费。减少动作是运营管理的核心。

面对一个品牌，我们每年要对它进行“品牌资产审计”，看看它到底有哪些品牌资产。由于没有品牌资产观，很多企业实际上在前进中不断地把自己的品牌资产扔掉了，要补回来。

华与华有一句话，叫作：“我们的每一个动作，都要在 50 年后还持续地给我们创造效益。”比如“I LOVE 莜”，50 年后仍会继续产生效益。

西贝的 2 月 14 日“亲嘴打折节”活动要持续地搞 50 年。50 年后，人们同样会在这一天过情人节，西贝仍会在这一天过“亲嘴打折节”。

“亲嘴打折节”是为了强化“I LOVE 莜”的品牌资产。“亲嘴打折节”本身，也成为西贝新的品牌资产，因为它也是能给我们带来效益的消费者品牌认知。这一天，顾客愿意来西贝亲嘴。

2016 年，西贝的第一届“亲嘴打折节”被香港一所大学写进了 MBA（工商管理硕士）案例，大家都觉得这是一个非常好的公关促销活动。2017年，这个活动更是火爆得不得了。以前在西贝是吃饭排队，2017年是排队亲嘴。大家开始觉得西贝“搞营销活动很厉害”了。

我在这里说句公道话，火爆的效果，是自己来的，不是我们策划的结果。我们做这个活动的初心，是帮西贝确立品牌资产观和营销服务观。

前面分析了品牌资产观，接下来讲讲华与华的营销服务观。

营销是一种服务。我们把消费者分为四个角色：受众、购买者、使用体验者和传播者。营销就是为这四个对象提供的服务。

消费者在光顾一家餐厅之前，是受众。对受众，我们提供广告，广告就是对受众的信息服务。广告可以有娱乐和艺术附加价值，核心是信息服务。西贝的广告信息服务，主要集中在商圈广告。我们的商圈广告提供了什么样的信息服务呢？我们叫作“不用问路到门口”，西贝在商圈里，总是最容易找的那家店。

消费者进到店里，就成为购买者。购买是一种选择和决策，我们就要提供导购服务和决策咨询，降低消费者的选择成本和决策风险。“闭着眼睛点，道道都好吃”，选择成本就低了；不好吃不要钱，决策风险就没了。这都是营销服务。

点菜之前是客户，点菜之后就是用户，是使用者和体验者。企业要提供体验服务，并创造惊喜。服务员的承诺宣示是体验，25分钟上齐菜的沙漏是体验。如果服务员看到你一盘菜没怎么动，会马上端走，这道菜不要钱了，这都是体验。

“亲嘴打折节”也是为了创造一个品牌体验。2017年特别火爆，因为那年顾客多，情人节和春节相隔较远，人们都回来上班了。如果情人节挨着春节，北、上、广都是“空城”，店里的顾客就会很少，那么这个活动的体验价值就更大了，因为它在冷清中注入爱的温暖和活力。

还有一种可能，春节时北、上、广成为“空城”，人很少，但是因为西贝年年都搞“亲嘴打折节”，大家都知道，这一天大家都来西贝，西贝会爆满。也许十年后会出现这种情况，但这并不重要。只问耕耘，不问收获，收获是自己来的，我们只管埋头下自己的功夫，不用非要期待结果一定会怎样。

所以这些并不是“公关促销活动”，而是品牌体验服务。

西贝不靠促销活动做生意，靠促销做生意是最糟糕的经营。我不希望“亲嘴打折节”成为一个“成功的公关促销活动”案例，那样就偏离了我们的初衷。

最后说一下传播者。当顾客体验过我们的产品和服务后，就会成为传播者。他们或者赞扬我们——给我们带来效益，或者批评我们——给我们造成损失。

重要的不是让顾客向我们“买”，而是让顾客替我们“卖”。

我们向传播者提供什么服务呢？就是设计好他要传播的话语和故事。

记住，“广告语不是说一句话给顾客听，而是设计一句话给顾客，让他说给别人听”“传播的关键不是播，而是传”。把顾客要说给别人听的，都设计好，这是什么服务？算是“秘书服务”吧！

“亲嘴打折节”提供“值得回忆，乐于谈论”的品牌体验，也是一种传播服务。

品牌资产观、营销服务观归根结底都是价值观。经营就是凭着自己的良知用心去做，货真价实，服务超值，不要想太多。生意难做，往往都是人们在自己如何能成功上想得太多，在能为别人做点什么上想得太少。

自　序

期待中国诞生超级餐饮品牌

中国没有西方世界随处可见的教堂，却可以在大街小巷看到麦当劳、星巴克。西方的传教士没能从精神上征服这个拥有五千年文明的古国，但汉堡包、咖啡却在短短几十年间征服了中国人的味蕾。每次驻足看着大大的“M”标，我都会深思：中国什么时候会出现自己的“麦当劳”，中国茶是否也可以像咖啡一样成为“世界饮品”，谁会成为中国的雷·克罗克，谁又是下一个霍华德·舒尔茨。

第二次世界大战后形成的以美国为中心的“一超多强”的经济格局成就了当今众多的世界级品牌：可口可乐、万宝路、麦当劳、星巴克……它们随着美国大兵的足迹踏遍了全球几乎每个经济体。十字军东征苦战约200年未能把罗马天主教带向世界，900年后，全球一体化却让大量更具影响力的品牌开始收割世界经济。

100 年前，世界给了美国经济崛起的机会。100 年后，我们看到改革“激荡四十年”后的古老中国正在孕育新的增长动力。这是中国经济的机会，也是中国餐饮人的机会。

2012 年 5 月 14 日，《舌尖上的中国》首播，让 13 亿中国人回忆起了家乡的味道，更让我们在饮食上回归本应属于自己的自豪感。这一年，餐饮行业正在经历“国八条”之后的痛苦寒冬，大量餐饮企业纷纷倒闭，传统餐饮人“出逃”。但从另外一个角度来看，这一年也是“大众餐饮市场”的崛起元年，此后“中产阶级”市场开始崛起，互联网进入餐饮行业成为重要的效率帮手，消费升级开始蔓延到各个消费品行业。餐饮行业此后以每年大约 10% 的速度迅速崛起，增速远远快于低迷的 GDP（国内生产总值）的增长率。

在报道中国餐饮行业的两年间，掌柜攻略遍访了中国近万名餐饮人。我们深刻地认识到，中国餐饮正在迎来最好的时代。更多的专业人才开始进入餐饮行业，更专业的分工出现在餐饮经营体系中。更重要的是，我们发现越来越多的专业知识开始在行业中传播，这让我们了解到餐饮行业的入行门槛正在变得更高，行业对专业内容的诉求有增无减。

于是，2015—2016 年，我和合伙人叶峰涛先后创办了餐饮行业媒体掌柜攻略及餐饮行业教育机构勺子课堂。为行业传递优质的内容、与餐饮业共同成长是我和我的团队的根本使命。由此我们先后得到了来自麦当劳亚太区前副总裁李明元先生、西贝莜面村创始人贾国龙先生、嘉和一品创始人刘京京女士、有饭创始人李鹏先生的支持，并在合伙人团队的共同支持下服务了超过三万家餐饮企业的四万余餐饮人。

从 2017 年开始，餐饮行业的理性声音更加强烈，“回归门店”

的思潮开始在餐饮圈传播，到今天我们再次深刻地发现，餐饮行业的内部变革已经走进深水区，从开始的“定位热”带来的品类思考，到餐饮人开始进一步讨论门店的流程管理、利润管理，餐饮行业更加清醒地认识到，把控细微之处才能把控整个品牌。在本书中，我们力求通过翔实的案例和丰富的数据告诉每一位读者，开一个餐饮店、一个小咖啡馆是梦想的体现，更是一次经营管理实践。与所有工作都不同，它更考验你的综合能力。在这里没有风口上的猪，只有耐心耕耘的匠人。开一家小店，成就自己的一个梦想，或许有一天你也能走向世界。

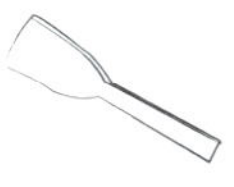

第一章

准备：

谋定而后动，方能立于不败之地

餐厅虽小，麻烦事儿却不少。餐饮创业者前期的筹备工作可谓千头万绪：从对餐饮大环境的正确认识到对自身情况的准确分析，从心理准备到资金筹备，以及创业计划的制订……林林总总，事项繁多。稍有不慎，就有可能对餐厅日后的运营产生不良影响。

认识餐饮大环境：在红海中寻找蓝海

任何小生意的开始，都离不开对其所处大环境的整体分析。开餐厅，首先要对中国餐饮行业大环境有一个较为准确的认识。

根据新华网和中国饭店协会联合发布的《中国餐饮年度报告》，2018 年全国餐饮收入为 42716 亿元，同比增长 9.5%（见图 1–1）。

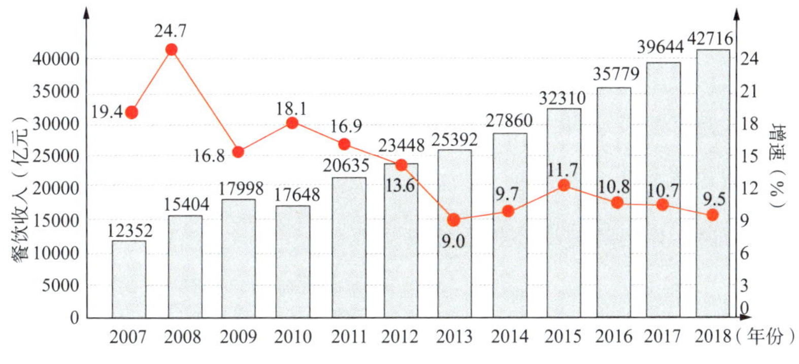

图 1–1　2007—2018 年餐饮行业的增长变化情况

通过以上数据，无疑能让人感受到中国餐饮行业的朝气蓬勃、如沐春风，回弹的增长率证明中国餐饮行业的锦绣前程。尽管如此，请不要忘记餐饮是一个死亡率极高的行业。在北京，伴随两家新餐厅开张的是一家老餐厅关门。在上海，这个数字是1比1。到了成都，则是在一家新餐厅开张的同时，两家老餐厅宣布歇业……

或许我们可以得出这样一个结论：餐饮行业是饱和度极高的行业，存在巨大的竞争压力。

在通常情况下，没有竞争的行业，往往是巨头垄断的行业，比如搜索引擎行业，这些行业非常稳定，几乎没有什么竞争，其面对的问题就是如何拓展业务。与这些高度集中的行业不同的是，餐饮业是一个高度分散的行业。对于餐饮业的消费者而言，他们需要的并不是每天都吃一样的东西，任何人都不会拒绝尝试一种新品。消费者口味的喜新不厌旧，导致餐饮业中小商家盛行。

百胜中国官方公布的2018年全年营业收入为84.2亿美元，作为中国规模靠前的餐饮集团，百胜中国在中国餐饮市场上的份额不到0.2%。另外两家比较有代表性的餐饮企业是海底捞和西贝莜面村。据相关统计，海底捞2018年的营业收入近170亿元，西贝则为56亿元左右。相较42716亿元的市场总量而言，这两家企业占中国餐饮市场的份额也只能用千分之几来形容。而反观其他行业的巨头，比如百度、阿里巴巴，它们在各自行业的占比远远超过餐饮业巨头。

这些数据也从侧面反映了中国餐饮行业竞争之激烈：42716亿元的餐饮市场，近千万个餐饮商家同台竞技，其惨烈程度可想而知。

然而，正是这样一个已经非常饱和的行业，却依然不乏大批创业者趋之若鹜。那么，餐饮行业的创业机会到底在哪里？新创餐厅又该如何在激烈的市场竞争中脱颖而出呢？

在当今极度供大于求的时代中，需求端的话语权得到了最大程度的放大。对于产品生产者而言，要考虑的不仅仅是生产什么，而应将重点放在“升级”方面。也就是说，一定要提供比原来相关产品或品类更好的东西，在惨烈的红海竞争中找到新的蓝海。

真正意义上的蓝海市场，只存在两种可能。一种是其他人尚未发现的市场，却被你发现了。这种情况的概率大约是六十亿分之一，一旦找到这样的市场，你就会成为餐饮界的福特或者乔布斯。另一种是之前进入这个市场的人都已经死了，唯有你成功地活了下来，而且活得很滋润。显然，这种情况出现的概率也是微乎其微。那么，红海中的蓝海市场又应如何解释呢？

作为一种常见的早点，卖鸡蛋灌饼的早点摊在中国各地都有，且几乎所有的小摊都千篇一律：小推车、夫妻档，卫生都不是很好，城管一来就跑。所谓红海中的蓝海市场，就是比其他人做得更好。虽然卖的还是鸡蛋灌饼，但是因为注入了创新性思维，使得一些人卖的鸡蛋灌饼和其他早点摊不在一个维度上竞争。

西贝莜面村就是非常典型的例子。莜面只是陕北很普通的一种吃食，在当地，一份莜面仅需几元钱。就是这样一份简单的吃食，西贝将其卖到了每份十几元钱。背后的逻辑是西贝莜面村在莜面中注入了品牌、食品安全、供应链、独特的制作方法以及创新式营销方案等多种新元素，成功创造了全新的蓝海市场。

西贝莜面村如此，太二酸菜鱼、巴奴火锅、喜茶、瑞幸咖啡等一大批创业餐饮品牌亦如是。显然，千军万马过独木桥对于一些新入门的餐饮创业者而言过于残酷，产品升级才是创业者在面对消费升级时的最佳选择。

顾客并不在乎在某家餐厅多吃一顿或少吃一顿，他们重视的是每一顿饭的品质如何。很多餐饮创业者都曾有过这样的想法："我从老家拿来某一种吃的，然后到一线城市卖就会火。"显然事情不会如此简单。今天的餐饮竞争，不仅仅是品类的竞争，更在于你构建的经营模式。只有构建了相对完善的模式，不断打造品牌影响力，进而形成用户认知，才能在无边无际的红海中找到属于自己的那片蓝海。

创业之前，请先认清你自己

有一句话曾在创业圈中广泛传播："如果你有梦想，那么创业的痛苦就会少一点。"有人说"愿景"这个词听起来离早期创业者十分遥远，也有人说梦想更像给自己加油鼓劲的安慰剂，但创业这条路，越往后走越能体会，早期的梦想恰恰是能够让你坚持下去的动力。

西贝莜面村的创始人贾国龙说："我的一切工作都源于我的人生召唤——让人们创造全新的可能性，创造一个原本无论如何都不会发生的未来。"无数餐饮创业者的实践都证明了一个道理：从无到有经营一个餐饮品牌，首先一定要有梦想，也就是所谓的初心。

创业是一个漫长而艰辛的过程，越往后走，选择越多，诱惑也就越多，这时候坚持初心就变得异常重要。因此，创业者在正式进入餐饮圈摸爬滚打之前，请先问问自己开办一家餐厅的目的到底是什么。

人们在餐饮业中创业的目的有很多，可能是想赚钱，可能是想实现自己曾经的梦，还可能仅仅是想放松一下，换个环境……无论你最初是抱着怎样的心态决定进行创业的，都必须明白一个逻辑——“任何不挣钱的生意都是耍流氓”。

任正非曾说过一句话：“我每天想得最多的东西不是把华为的生意做多大，而是三个字——活下去。”生存才是一个创业者真正需要思考的点，这一点应用到餐饮行业同样适用。作为一个餐饮创业者，本质上就是在“活”。如果能够活得更好，就会走得更远。如果活得不好，就只能是谁疼谁知道。

一家企业能够为所在市场创造多少价值决定了企业到底能不能挣到钱。所以，在进行餐饮创业之前首先要衡量自己的心态怎么样、到底想做什么，这直接决定了到最后会产生什么样的心态和逻辑。

衡量完自己的心态，接下来就要思考自己到底有什么。没有任何一个创业者是真正白手起家的，或多或少都拥有在相关领域的优势，包括金钱、人脉，甚至是思维。作为一个创业者，一定在某个层面高于自己的同行，才有可能成功。当下餐饮业的竞争，不单纯是靠力气就能取胜的，一定是靠优秀的模式和丰富的经验。所以，如果只是想开个店，通过自己的努力获取一定的利益，餐饮店其实并不是最佳选择。

一个能够持续创造价值的商业模式，必须建立在创始人具有一定能力的基础之上，并不是找到一群人帮忙做就可以。如果创始人自己都做不好，怎么能带领大家一起做好呢？所以，企业最早的冷启动基本上就是靠一个人，也就是创始人，或者说就是正准备创业的你。

因此，创业不能单纯依靠情怀。在开店之前，一定要明确自己的优势，这些优势在创业过程中能够发挥多大的作用，然后努力让这些优势的价值最大化。中国的企业，大多是老板文化，老板能够做好往往代表这个企业已经成功了一半。这也解释了为什么投资人最看重的是人和模式。

在这里给所有想涉足餐饮业的人几点忠告。

1. 千万不要一个人创业。没有人能一个人做完所有的事情，特别是创业，一定是在各方力量的协助下，最终做得更强、更大。没有分享心态，没有人共同帮你承担责任，创业成功的概率就太低了。

2. 千万不要带薪创业。任何创业者，如果不是全职，建议就不要做了。这就像学习游泳，在陆地上怎么都学不会，只有真正进入水里，在水里求生的本能才会激发人更大的潜力。

3. 千万不要人云亦云。创业者一定要对自己的模式有坚定的信念，不轻信任何人，坚信自己。这本书给大家的更多的是建议，大家要有自己的选择和坚持。

4. 千万不要有太高的预期。可以有梦想，但不要设得太高。现实总是残酷的，清醒地认识现实，有助于制定更有效的策略和方法。

5. 千万不要低估自己。人的潜力往往超出我们的想象，特别是创业者在面临企业生死存亡的时候，更会激发出超乎预期的潜力，所以要相信自己可以做成很多事情。此外，相信自己的同时，要保持自己的学习能力，保证有足够的精力和能力坚守梦想也很重要。

心理准备：三军未动，预期先行

餐饮行业又叫产业链行业，行业构成极其复杂，餐厅定位、选址、装修、菜单、营销、人力、品控……创业者要参与每一个环节。

即便只开一家店，这一系列的事情也足以让人疲惫不堪。因此，选择入局餐饮业，必须先问自己一个问题："我准备好了吗？"

理想丰满，现实骨感，理想与现实之间往往有巨大的差异。在开始餐饮创业前，创业者至少要在心理层面做好以下四个预期。

对成本控制的预期

餐饮行业"四高一低"：税费高、房租高、原材料成本高、人力成本高、利润低（见图1–2）。可以说，餐饮是一个非常烧钱的行业。开一家餐饮店，仅房租和装修就是一笔不小的成本投入。不会控制成本的餐饮品牌，最终必死无疑。

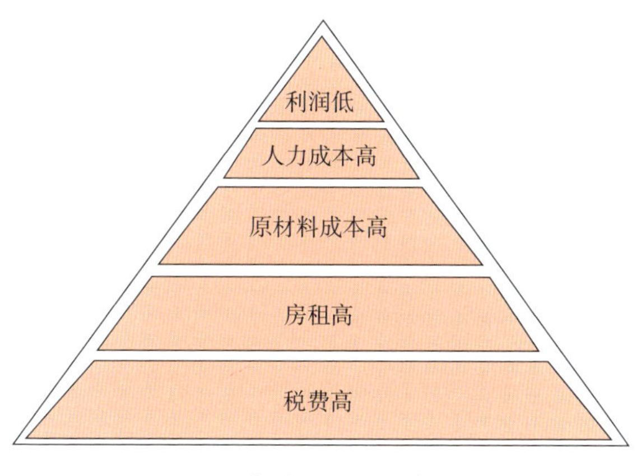

图1–2 餐饮行业"四高一低"

做生意虽强调"钱不是攒出来的，而是挣出来的"，但古语有言，不积跬步，无以至千里，不积小流，无以成江海。点滴的积累和点滴的成本节约，实际上能够让企业存活得更久。企业成功与否，最大的判断标准就是其存活时间的长短以及创造收益的持续性。源源不断地赢利才是一个商业模式成熟的标志，餐饮绝非一锤子买卖。

对竞争对手的预期

需要明确的是，你的竞争对手不一定是同品类的其他餐厅，还有可能是隔壁的餐饮店。在同一条街上，无论是卖汉堡和肉夹馍的，还是卖烤肉和面条的，不同的产品，不同的场景，都可能成为你潜在的竞争对手。

当然，不同的时间和空间，其面临的竞争对手也可能会不一样。

> 从 2017 年开始，便利店越发成为餐饮企业强劲的竞争对手。在 7–11 便利店内，70% 左右的产品与吃有关，早餐、盒饭的种类越来越多。相较餐厅而言，便利店没有翻台率的说法，效率更高，使得周边的快餐品牌受到了极大的冲击。

这只是能看到的竞争对手，事实上，餐饮行业内还隐藏着一些看不见的竞争对手。比如线上外卖，这些对手虽然仅存在于线上，但正在不断蚕食实体餐厅的整体利润。

此外，消费者本身也是餐饮业广义上的“竞争对手”，需要餐厅对其进行不断观察。通常情况下伴随着饮食习惯、季节、消费时点等因素的变化，消费者的消费行为也会发生改变，餐厅的经营策略自然需要随之调整。

对经营环境和管理的预期

餐饮业自身的复杂性使经营餐厅面临很多挑战。比如管理，事实上很多传统商业中常见的管理方法，在餐饮行业当中并不适用。

以人才管理为例，对于普通的上班族而言，同事可能都是相似专业毕业的学生，彼此的思维水平和学历水平大致相当，不会有明显的差异。餐饮行业却并非如此，餐饮行业的工作人员通常来自各个行业，受教育水平也有较大的差别，这对管理人员的耐心和管理能力是一种较大的考验。

又比如流程管理，当小店生意日益红火，开分店或者连锁经营就势在必行，这就意味着餐厅需要相对严格的流程管控和标准化体系，从人治过渡为制度治理。

此外，鉴于环境的特殊性，做餐饮还必须对经营环境有相应的预期。要知道，餐厅不可避免地需要与食品药品监督管理局、城管、消防等政府部门打交道。关于这一点，想要涉足餐饮行业的创业者必须在心理上做好准备。

对生活准备的预期

餐饮不是一个安逸的行业，其工作的繁重程度远远超过其他大多数行业。因此，在进军餐饮行业前，创业者必须做好牺牲个人大量生活时间的准备，这绝非一个每天 8 小时的工作，而是意味着 7×24，全年无休。

> 以我的一个朋友为例，夫妻俩经营两家店，每天早上他们要第一个开门，每天晚上还要等最后一个顾客走，完全没有周末。从食材的采购到制作，再到售卖给顾客……每一个细节都需要关注。工作之繁重，是常人难以想象的。

看到这里，也许很多人会打起退堂鼓。事实上，有很多朋友是因为这些日常琐事而最终选择放弃餐饮的。

还是以我的这个朋友为例，虽然他们很辛苦，但从中找到了很多乐趣——很爱自己的小店，把自己的店面装修得非常漂亮，把很多心爱的物件放在店里。

曾经有人问他们："把这么好看的东西，甚至有些贵重的物件放在店里，你们不怕丢吗？"

他俩回答："没关系，丢就丢了，只要顾客喜欢就可以。这是我们喜欢的东西，也希望能够让顾客看到它们。"

现在，夫妻俩经营的小店，生意很不错，远远超过了绝大多数门店的平均生存状态。因为热爱，所以小店生意很不错。因为热爱，夫妻俩累并快乐着。

餐饮创业就像一把双刃剑，既然选择了它，就要在享受它带来的美好与快乐的同时，承受住它给予的困难与辛劳。选你所爱，爱你所选，这才是创业的真谛。

资金准备：手中有粮，心中不慌

有钱走遍天下，没钱寸步难行。餐饮无疑是一个需要大量前期资金投入的行业，如果经营者在创业之初就做好相应的资金准备，那么会在后期可能遇到的各种变化面前游刃有余。如果仓促上阵，那么可能处处捉襟见肘，更有甚者会面临资金链断裂的危险，万劫不复。

算账是餐厅经营者的必备技能，"四高一低"是餐饮行业的普遍现状，其中仅房租一项就给餐饮经营者带来了不小的压力，中国烹饪协会 2016 年发布的数据显示，餐饮业的房租成本增幅最高可达

50%。

开餐厅的第一件事是选址，选址确定了就意味着要交房租。通常餐厅都是跟房东签五年期合同，交一两年的房租，并且要预留至少一年的房租。因为房子租下来后，通常需要两三个月进行装修，这段时间，餐厅没有任何收入。

在通常情况下，餐饮行业的毛利率能到 50%~60% 就已相当可观了，净利润率大致在 20% 以下。一家餐厅在开业后没有 3~5 个月的适应时间很难变负为正、步入正轨（这还是在创业者已有相关经验并顺利发展的情况下）。至于赚回本金，更非朝夕之功。如此算来，即使是一家经营不错的餐厅，也至少需要 6~10 个月的缓冲时间。没有充分的资金准备，餐厅很难维持正常的运转。

如果没钱，该如何是好？自己没钱，就只能借钱，很多创业者将目光投向了银行和投资机构。

银行贷款

当前适合餐饮企业的几种银行和类银行金融机构产品推荐如下。

1. 中小企业经营贷。一般要求企业成立满足一定年限，并要求提供房产等抵押物，授信一次发放，分期偿还，最长可达 3~5 年，额度一般为抵押物市场价值的 50%。这种贷款期限长，利率低，分期偿还本息，要求有房产作为抵押物。

2. POS[①] 贷。POS 贷是银行的一种信用类授信业务的简称。银行主要依据小微企业 POS 机刷卡交易的流水，来测算其经营规模，再根据交易流水给予小微企业贷款。POS 贷偏重评估流水是否能覆盖

① POS，即销售终端。——编者注

经营成本和负债，测算评估月度可支配收入，可以不要抵押物，金额一般较小，从几万元到十几万元不等。

3. 消费贷。消费贷是一种个人消费贷，主要针对刚步入社会但在未来会有稳定的收入且违约概率相对较小的年轻人，以及中低收入的稳定职业从业人员。授信发放机构也会根据企业主的情况发放一部分实际用于店面经营的消费贷，一般最高授信金额为申请人工资的 5 倍，不超过 20 万元。

4. 政策性贷款。部分国有控股的担保公司会对某些特定行业的企业予以政策性担保，该类担保以文化类企业受益较多，偶尔也有针对餐饮行业的，每年会有一些扶持资金。

5. 融资租赁授信产品。当企业购买具备二次变现能力的设备（如中央厨房设备等）时，可以在融资租赁公司申请融资或向银行申请设备按揭类贷款。

融资

除了从银行贷款，融资也是当下很多餐饮创业者都会想到的事情。从 2013—2014 年过来的创业者往往都有这样一个共识——“只要创业，没有钱白手起家，去找融资就好。找不到融资的生意就不是好生意”。据统计，风投注资餐饮行业的规模已达 500 亿元以上。不知道如何与资本打交道的创业者，可能会错过很多资本与消费者观念引领的商机。

受资本青睐的餐饮项目一般需要四个要素：明确的细分领域定位；具备复制能力且复制空间大；符合减少房租、去人工成本的轻运营趋势，以及通过互联网工具和技术增加收入的新赢利模式；创始人自身的基因。具体而言，资本之所以看好餐饮行业，无非基于以下两个层面的商业价值衡量。

1. 盈利可稳定预期，规模可快速复制。餐饮业的标准化、规模化、连锁化运作，意味着现金流和快速复制扩张。资本是逐利的，成为实体经营巨头后的那一套成熟的套现模式是最能吸引资本的东西，这就是“相对稳定的价值预期”。

当快餐和传统中餐的连锁化、规模化遭遇困境之时，未来凭借特色小吃和单品中餐的创新品牌也许会从传统正餐的边缘地带崛起，借助商场店这一标准化、规模化的新实体渠道全面开花，可能涌现出一批新餐饮巨头。例如九毛九、俏凤凰、遇见小面、西少爷等这类以单品或地方小吃为核心开发的餐饮品牌，都取得了不错的成绩。饺子类如喜家德、东方饺子王、船歌鱼水饺以及小恒水饺都是围绕核心单品打造不同定位、提供多元需求的典型案例。

2. 价值高速增长，改变现有产业发展。近几年，资本在互联网领域砸出了“外卖”这个相对普及的消费体验，走进了“互联网 +”的商业大趋势，餐饮行业深陷其中。产品电商化、服务互联网化将在快餐、夜宵、熟食、甜品等标准化、规模化程度较高的品类发生商业模式的创新，而餐饮服务前后端任何可以结合互联网提升效率、改变体验或优化流程的领域，都会有资本加速流入、深度参与的可能性，像拼豆夜宵、小蹄大作等餐企都是这一趋势下的新产物。

总而言之，资本喜欢可以快速复制的餐饮品牌，喜欢更有效率的企业，喜欢追逐增值机会更多的创新项目。因此，资本注定喜欢所谓的互联网餐饮项目，最好是平台型的、可以改变现有餐饮模式和格局的企业；资本注定喜欢安心开店的餐饮企业，即使现在是单店模式，也要在未来有快速扩张的可能性。

这注定会让传统餐饮人不舒服，但请相信，资本是世界上决策最正确的群体之一，“钱是世界上最聪明的东西”。资本追逐的大趋势，仅从商业和利益最大化的角度而言，一定有其道理。

但餐饮人更需清楚的是，资本不是万能的，餐饮行业不仅仅是连锁业，也不仅仅是属于“互联网+”最紧密、最出风头的互联网平台型企业，而是各有各的道、各有各的地盘的商业。真正影响餐饮行业发展方向的，不是明面上的资本之手，而是隐形的消费者之手。餐饮行业的经营一定会回归到餐饮行业的本质，单纯靠资本不断崛起炒概念的餐饮品牌，注定无法长久。

在有了充足的资金准备后，如何花钱也有较多讲究。特别是创业前期，一定要做好成本预算，千万不要大手大脚地花钱。很多餐饮创业者，早期什么都想准备完备，甚至不惜拖延开业时间准备一些后期根本用不上的东西，浪费了大量的资金。

对于资金，应该聚焦它的使用效率。人类发展史上任何一次工业革命，实际上都是以提高社会资源利用效率为核心的，餐饮业也不例外。提高资本利用效率是创业者应该具备的一个能力，别人用 100 万元能干十件事，而你只能用 100 万元干一件事，显然你就输了。

创业计划书：餐饮创业者的开店指南

在充分了解了餐饮市场的大环境和自身情况，并做好了心理和资金上的准备之后，就可以将开店纳入日程了。在正式采取行动之前，制订一份行之有效的创业计划书是非常必要的。

需要明确的是，创业计划书并不仅仅是一份简单的书面计划

（见表 1–1），更是创业者的一个切实行动纲领。可以说，这是餐饮创业成功的基础和起点。在通常情况下，创业计划做得越详细、越周密，成功打造一家餐厅的可能性就越大。

表 1–1　某专业机构为某创业者编撰的《餐饮式酒吧创业计划书》

第一章	事业描述	描述项目的产品（或服务），项目的赢利点在哪里，创业者短、中、长期的项目规划等
第二章	产品和服务	重点描述产品和服务的特色、与竞争者的差异、顾客选择产品和服务的理由
第三章	市场分析	针对餐饮和酒吧市场确定不同的营销方式；在确定目标之后，决定怎样上市、促销、定价等，并且做好预算
第四章	地点	由于本项目为店面，因此对店面地点要做重点分析
第五章	竞争	用波特五力分析模型进行分析并提供竞争策略
第六章	管理	管理制度、治理结构、组织架构
第七章	人事	现在、半年内、未来三年的人事需求；需要引进的专业技术人才、全职或兼职、所需人事成本等
第八章	财务需求与运用	考虑融资款项的运用、营运资金周转等；预测未来三年的利润表、资产负债表和现金流量表
第九章	风险	分析风险，提出应对机制
第十章	成长与发展	近期、中期、长期规划

对于创业计划书的制订，要明确以下几点。首先，要明确做餐饮的初心，也就是搞清楚为什么要开店，这将是支持创业者走下去的最大动力。其次，要做好产品定位，也就是考虑好到底要做什么，并且确定产品本身存在的门槛，以了解未来可能面临的困难。再次，要了解自己的优势，这代表着未来构建商业壁垒的主要方向。最后，还要确定好创业团队。了解创业团队中的每个人，熟悉他们的能力，以确定到底谁能够在创业的道路上起到重要的助推作用。

总而言之，在一份完整的创业计划书中，以下三个词极为关键。

1. 市场。市场空间不同，意味着获客难度不同。简单来说，市场决定了餐厅规模的大小，决定了品牌能够做多大以及未来的天花板在哪里。就好比卖米饭和卖鱼翅，显然，与正在不断受到挤压的鱼翅市场相比，米饭的市场空间要大得多。

2. 模式。模式决定了品牌成长的速度。好的模式能够高效率地配置资源和资金，最终使整个项目顺利实现预期目标。

3. 团队。团队是餐饮创业的核心要素，直接决定了开店的成败。任何餐厅的经营者都不要试图一个人完成所有事情：一方面术业有专攻，能把菜做好并不意味着服务就能让顾客满意；另一方面，时间和精力有限，一个好汉三个帮，一个好餐厅一定是有很多人和你一起努力，这就是团队的重要性。

明确了餐饮创业中的几个关键点，接下来，就要按照以下步骤制订具体的创业计划。

1. 确定阶段目标。首先，目标的选取一定要切合实际，比如餐厅开业一周后能够有回头客，而不是在十年之后能够超过麦当劳这种毫无意义的目标。其次，要有阶段性目标，如果无法预计一年之内应如何做，那么至少要设定半年乃至一个季度的目标，以及每个月、每周的具体目标，日积月累，循序渐进。

2. 制订资金使用规划。资金的使用是一个亘古不变的难题，应谨慎地使用每一笔资金，建立严格的资金监管制度。对于那些拥有其他股东的餐厅，一定要给予股东充分的尊重，定期（一个月或者一个季度）向股东进行汇报。总之，资金必须在严格的管控之下使用，有一套严格的监控流程。

3. 做好风险预估。风险分为可预知的和不可预知的两种，餐厅在不同的发展阶段会遇到不同的经营风险。不可预知的风险难以回避，可预知的风险则应在创业初期充分考虑，并尽可能地找到规避方法。所谓把风险降到最低就是让风险可控，只要风险在可控制的范围内，餐厅经营就没有问题。通常情况下，当风险变得不可控时，就说明餐厅问题已经积重难返了。

创业计划书就是餐饮创业者的开店指南，制订过程是一个相对复杂的工作，需要创业者对整个餐饮行业和市场进行充分的研究、分析。同时，制订创业计划书的过程也是创业者全面梳理、重新审视餐厅未来发展战略的过程，其重要性不言而喻。

案例

遇见小面：创业者的1万小时定律

从简陋的街边小吃店到现在已经拥有十几家门店的连锁品牌，遇见小面用自身经历书写了餐饮业的一个传奇：创办不足3年，成功融资4笔，一举成为资本的宠儿。对大多数餐饮人来说，遇见小面何其幸运，但幸运背后蕴含着的却是创始人宋奇不为人知的艰辛与抉择。

探寻重庆小面的全新蓝海

如何选择一个容易赚钱的品类？这大概是所有餐饮新手最烦恼的一件事。商业模式越好的品类，竞争者越多，这一点毋庸置疑。

创业者在选择品类时，尽量不要选择西餐和中式正餐，一则没优势，二则很多品牌已经发展得较为成熟，你不是它们的对手。宋奇当时之所以选择小面这个品类，原因大致有三个：一是寻求品类的差异化，在饮食清淡的广州地区做麻辣味型的重庆小面，容易让人印象深刻；二是小面的制作工艺简单，可标准化复制，适合做连锁品牌；三是当时小面的品类还有很多市场空间没被开发。

对品类做进一步细分是餐饮市场未来的发展趋势。比如现在做重庆小面，未来进一步细分后，就是做豌杂面、肥肠面等，越来越细分。产品足够简单，才能做到极致，更有利于优化餐厅的成本结构。

“创业初期尽量选择产品结构不太复杂的，比如那些大众化的、市场上还未有强势品牌的特色小吃品类，将是特别大的价值洼地。”宋奇这样建议。

创业前要想明白的事

回顾自己的创业历程，宋奇万分感慨：“餐饮创业就是一条不归路，只能硬着头皮坚持往前走。”在创办遇见小面之前，宋奇做了以下三个方面的准备工作。

确定创业的目的

要像麦当劳、肯德基一样做跨国连锁？还是只想开个店体验创业的感觉？或者开店赚钱、提高生活质量？目的不同，品牌的打法完全不同。宋奇的团队就是抱着破釜沉舟的觉悟创立了遇见小面。创业初期，创业者要面对从做饭到经营管理的每个琐事和困难，这些都是绕不过去的。创始人最好是一个乐天派，相信明天会更好，才能在无数次跌倒后再爬起来，不断循环往复，无限接近成功。

事实上，在遇见小面之前，宋奇的团队曾经有过两次失败的创业经历，其中的饺子馆生意刚经营三个月，就面临资金链断裂的风险，如果苦撑下去，很可能连员工工资都无法保证。迫于生活的压力，宋奇不得不开始寻求新的创业方向。

2014 年，“孟非的小面”火遍大江南北，宋奇认为重庆小面这个品类很有前景，打算以此为切入点，进行再创业。为了保证小面拥有绝对正宗的味道，宋奇专门去重庆学习了小面的技术，回到广州后亲自下厨，切菜、炒料、煮面……一切都亲力亲为。重庆小面门店的筹备期非常短，仓促得连门头都没来得及换，只拉了一条红色的条幅。

“虽然整个过程都在不断地碰壁、摸索，回忆起来全是艰辛，但这是创业过程中不可或缺的磨炼，铸就了不惧一切的强大内心。创始团队也变得更加成熟了，熬过了 1 万小时定律（加拿大作家格拉德威尔在《异类》一书中指出，1 万小时的锤炼是任何人从平凡变成世界级大师的必要条件）。遇见小面取得阶段性成功也是一种必然。”宋奇很庆幸。

做学习型全能人才

宋奇多次强调：“作为一个创业者，一定要有创新和学习能力，不像零售行业，只要做好产品就行，营运相对简单。做餐饮意味着创业者要对从选址、品牌设计、员工招聘培训、运营到产品研发、中央厨房、物流配送等一系列的组织链条都有所了解，并且要有互联网思维，具有品牌公关能力……最后，我们发现，一招鲜吃遍天的时代已经过去。作为管理者，要扮演的角色五花八门，需要身具多种专业能力才能胜任。”

谨慎选择合伙人

任何餐厅，都不可能依靠一个人的力量来完成所有事情，因此寻找合适的合伙人，搭建一个可靠的创业团队就成了餐饮创业者非常重要的一项准备工作。

遇见小面的创始人团队有三人，恰好符合餐饮合伙人“三同”的特点，即同学、同事、同乡。在早期创业时，受圈子范围的限制，同学和同事是创业者最容易接触的人群。如果彼此之间对人品拥有绝对的信任，且志同道合，就可以一起开创事业。

在宋奇看来，寻求合伙人一起创业是有效整合资源的过程，在解决资金问题的同时，也能够合理规避创业风险。因此初期合伙人的选择，一定要谨慎，要建立在知根知底、互相信任、彼此忠诚的基础上。到了品牌发展后期，再根据需要加入各种专业的职业经理人作为合伙人。需要强调的是，除了较高的专业水平和职业素养外，对于创业公司来说，合伙人的打拼精神也非常重要。

绕开经营管理上的那些“坑”

创业从来都是向死而生的，宋奇把创业的过程形容为“步步是坑，从一个坑里爬出来，掉进另一个坑，再爬出来，循环往复”。创业初期，员工管理上的“坑”是很多餐饮老板普遍会遇到的问题，也是遇见小面开业初期面临的一大难题，例如员工的食宿管理。由于特殊的工作性质，包员工食宿似乎已经成为餐饮行业内默认的一条规则，这就为遇见小面在员工管理问题上增加了很多困难：除了成本问题，宋奇还要处理员工之间的各种不满和牢骚。

直到一次员工宿舍起火事件，宋奇意识到员工管理上的弊端和疏漏是存在风险的。虽然只是一次意外，但让宋奇开始深刻反省：如果未来要开 20 家店，意味着自己至少要租 50 个宿舍，宿舍的管理将是一个大问题。为了轻装上阵、规避风险，宋奇决定不再为员工租宿舍，而是将此项费用全部折算为员工补贴，通过发放补贴的形式杜绝这类事故再次发生。

借力资本助推品牌发展

遇见小面是餐饮界为数不多的能在品牌雏形期、以街边小店的方式获得天使投资的品牌。宋奇一再强调，是否引入资本跟创始人的目的息息相关，如果创始人抱有打造连锁化品牌的目的，就有必要引入资本。资本的助力，让遇见小面跳过前期的原始积累过程，通过大胆试错，逐渐找到适合自己的商业模式。

遇见小面用了整整一年的时间打造专业团队，进行品牌势能积累。当一切条件具备的时候，宋奇开始策划做品牌宣传与推广，提升品牌知名度。当时，他们团队策划的遇见小面创业视频和文字在网络上被疯狂转发，最终吸引了资本的注意，宋奇说：“这两轮融资让遇见小面的整体发展提速了三年。”随着品牌势能的积累，2016 年底，遇见小面再次得到弘毅投资数千万元的注资。

对于遇见小面在融资上的成功，宋奇表示，要想吸引资本的目光，离不开正确的赛道和专业的赛手团队。宋奇建议，想引入资本的餐饮人可以选择风投喜欢的模式打造品牌，这样能够有效提高“命中率”。比如，你的产品很适合规模化，是大众刚需、高频消费的，偏快餐、简餐。

宋奇坦言，餐饮创业从 0 到 1 的过程最为艰难。每个创业者都无法逃脱创业 1 万小时定律，其间你可以不断试错、分析、进步和总结。由于餐饮产业链条太长，管理半径太大，很难在短期内实现快速扩张，通常都是要经过几年甚至十几年的积累才有机会迎来爆发。遇见小面的阶段性成功，算是新锐餐饮品牌中最为励志的典范。因此，对于那些有餐饮创业想法但还不确定的餐饮人，希望遇见小面的经验能够给你一些启发和信心。

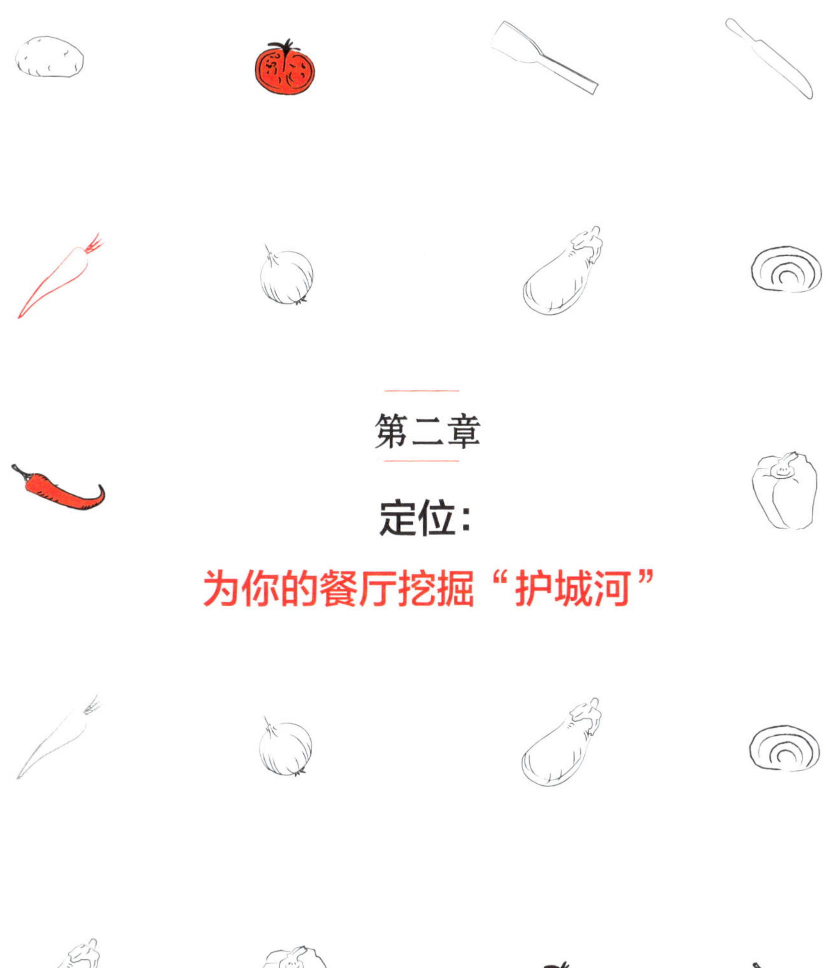

第二章

定位：为你的餐厅挖掘“护城河”

一家餐厅的定位，往往有太多的决定因素——消费场景、产品、顾客、老板偏好和地域特征等都会形成不同的定位法则。但有一点可以肯定，精准的定位为企业确定了竞争方向，是企业突围的关键。因此，在餐厅策划阶段，创业者就要了解顾客的消费动机、选择逻辑，以及自己与竞争对手之间的主观、客观情势，以找准竞争点。

品类定位：占据消费者心智

“定位理论之父”杰克·特劳特先生于 1969 年发表论文《定位：同质化时代的竞争之道》，文章指出：“在大竞争时代，差异化和定位对于企业来讲必不可少，只有依靠精准的定位和差异化，企业才能在残酷的市场竞争中脱颖而出。”此后，定位理论及由其衍生的品牌战略在全世界范围内掀起了实践狂潮，在国内的餐饮圈中同样大行其道。

初创餐厅首先需要定位的是品类，也就是你打算做哪方面的餐饮生意——火锅还是外卖，正餐还是简餐，米饭还是面条……品类细分背后的逻辑实际上是对用户心智的抓取，用户总是习惯通过一个自己熟悉的东西去定义一个不熟悉的东西。

在通常情况下，一个初创餐饮品牌往往尚未被众人认知，但是米饭、包子、面条、牛肉、羊肉等都是公众耳熟能详的品类。餐厅可以通过对这些常见的品类进行叠加的方式，比如“牛肉面”（牛肉 + 面条）、“牛肉包子”（牛肉 + 包子）、“羊肉焖饭”（羊肉 + 米饭）等，使其变成一个细分市场，然后引向品牌，最终使得品牌成为这一细分品类的代名词。就像麦当劳是汉堡的代名词，肯德基是炸鸡的代名词，可口可乐是碳酸饮料的代名词……换个角度理解，这也是企业在细分领域中占领市场的重要方式之一。

> 比萨餐饮连锁品牌乐凯撒创立于2009年。自创立以来，乐凯撒便一直专注于意式薄饼的研究——“对不起，我们只做比萨”，并坚持纯手工拍制。
>
> 凭借专注的力量，乐凯撒很快便在比萨业内站稳了脚跟。此外，乐凯撒还首次创意性地将榴梿和比萨结合在一起，成功地让消费者构建起“乐凯撒＝榴梿比萨”的消费者认知，以此为“榴梿比萨创造者”这句宣传语构筑了品牌壁垒，让人们一提到榴梿比萨，便能想到乐凯撒。

餐饮业绵延发展至今已近几千年，任何品类的市场都已接近饱和，是标准的红海市场。要在红海中找到一个蓝海市场，就需要比原来那个品类的占有者、细分者，或者心智占有者更强，这对创业者提出了更新的要求——独特性。这种独特性并非单纯地指占据某一个品类，也有可能是占据某一种消费感，或者说占据某一种得天独厚的选址优势。总之，你是一个很特殊的存在。

> “很久以前，河里有许多鱼，天空中有许多鸟，地上有许多动物，树上有许多果子，那时还没有火，生肉吃起来味道并不好。突然有一天，闪电引发森林大火，烧死了许多动物，人们只好吃这些烧焦的动物，发现烤肉比生肉香多了。这就是人类第一次吃到的美味烧烤。”这个关于烧烤起源的故事，如今被北京的一家烤串店制作成动画，每天循环播放。这家烤串店从命

名开始就颇具特色——“很久以前”。

进入“很久以前”位于北京簋街的店里，仿佛走进一个原始洞穴，沿楼梯小心前行，猿人也渐渐地站立起来，述说着人类的进化过程。四周墙壁上镶嵌着古朴的陶器，上面写着烧烤祖先的故事，以纪念那个勇敢的“第一人”。每一个角落都充斥着烧烤的故事，也许能唤醒你小时候熟悉的烤串味道、想起第一个吃熟肉的人的智慧与伟大，从而步入一段怀旧的温馨之旅。而店里巨大的变形金刚造型又与整体风格形成强烈反差，现实与历史、古代与现代在这里融合在一起，让人有一种穿越的感觉。

“很久以前”的定位首先满足了大众消费群体一个广泛的餐饮需求——吃烧烤。从烧烤品类入手，烤得好吃并且是自己动手烤。其次，环境很干净，不是街边摊，也不是小门店，提升了用餐体验。最重要的一点是餐厅风格很有文化特色，抓住了年轻消费者不拘于传统，喜欢追求个性、新鲜和刺激的心理，从而在环境这一点上做到了差异化，引起消费者的共鸣，一举成为京城烧烤界的知名品牌。

占据消费者心智，实际上确定的是品牌能够给消费者带来怎样一种体验，这将会是品牌未来的壁垒。面对当前竞争激烈的餐饮市场，单纯作为一个生产者很难在市场中存活，这就要求餐饮创业者必须从一开始就思考品牌的壁垒。

星巴克被认为是全球最强的咖啡企业，其品牌的成功并不是因为别人买不到其店内的咖啡豆，也不是因为别的咖啡店无法抢到它的门店位置，更不是因为它的咖啡机绝无仅有。事实上，在餐饮行业竞争几乎进入白热化的今天，这些因素都无法形成明显的竞争优势。那么星巴克到底强在哪里？答案就是品牌。

如今，星巴克的名字已经出现在大街小巷。对于消费者而言，它不仅仅是咖啡，也是人们交流的空间，是一种生活方式的代表。它背后向用户传递的品牌感才是无形的竞争力，越有力的东西往往越无形，就像某种深入人心的信仰，让它无可替代。

不得不承认，在中国做餐饮是很难形成“产品”壁垒的，真正能够在消费者心智中构建门槛的唯有“品牌”本身，一旦消费者对你产生了从品类到品牌的认知，那么其内心就会完成“预售”，也就有了更多的“复购”。

客群定位：做特定群体的生意

这世上谁最花心？答案是消费者。消费者的需求总是不断变化的，喜新不厌旧。所以，当我们定义自己的品牌时，就必须非常关注消费者本身。

客群定位似乎比较难以用统一的方法论进行指导，很多餐饮创业者在开业以后才渐渐摸索出登门的消费者属于哪个类型。但是，抱持“开门做生意，笑迎八方客”的心态，很难在当前细分市场、细分需求的年代找到自己的目标客户。因此，创业者在餐厅筹划阶段就必须想明白一个问题：“要做哪类人的生意？”

根据阶层划分确定客群定位

之所以要进行消费者阶层划分，是因为阶层定位决定了品牌的获客成本。在通常情况下，低端市场的获客成本可能很低，利润空间也相对比较小；中端市场的获客成本一般，相比起来，利润空间也会上升；高端市场的获客成本很高，其利润空间相对较大。不同的用户定位使餐厅有不同的获客成本，这会直接反映在餐厅的营销成本和其他很多层面上。因此，对消费者的定义，其实决定了餐厅最终模式的选择。

关于这个问题，创业者一定要根据自己的情况，明确自己本身是什么样的人。通常来讲，创业者最了解的是和其处于同一阶层或者具有同一属性的人。在创业过程中，创业者周围的朋友很有可能会成为其第一批争取到的客户群体。事实上，这部分人最有可能向创业者提供第一桶金。

举个例子，如果一个普通大众阶层的创业者一门心思只打算做富豪的生意，可以想见的是，由于缺乏了解，他可能很难满足世界顶级富豪的需求。思考的角度不同，就是差异化产生的最大原因。商家的某些脾性和顾客是匹配的，在对自身客户进行定位时，创业者应该从自身出发，思考将消费者阶层定在什么角度比较合适。

在北京拥有4家门店、每家都大排长龙的花厨餐厅一直被业界冠以“网红店”之名，老板Karen并不避讳自己的店是一家女性餐厅。作为曾经的金融行业从业者，她曾经在冰冷的写字楼里朝九晚六甚至晚八、晚十地工作。Karen身边有很多过着同样生活的职业女性，年龄在20~40岁，或单身，或成家，有的还要同时照顾儿女与专注事业。在选择开店时，这个人群就成为花厨的主要目标客群。

这个足够精确的客群，可以帮助店铺有更为完整的呈现形式。Karen 用大量女性喜欢的花卉将餐厅塞得满满当当，菜品之中也大量使用了花卉元素。从店名到消费者体验，它传达的关键信息都极其明确——本餐厅做的就是职业女性的生意。

从自身生活经验出发，通过观察周围同类人的需求，推演出一个可行的计划，这是很多成功餐饮人的第一步。此外，客群的辐射能力也需要列入最早的计划之内——消费者如何传播信息，以及他们能带来何种用餐群体。职业女性的口碑传播可以带来周围的同事、友人，有时还能带来家庭，他们基本上以 2~4 人的规模出现。确定了这一点，也就确定了餐桌的最优配置，为餐厅创造最大的利润空间。

根据消费场景确定客群定位

准确的客群定位，能够有针对性地为消费者创造一个到餐厅用餐的理由。业界流传着这样一句话：“能解决一个社会问题，就能创造一个伟大的商业模式。”想要获得消费者的青睐，就必须从消费者的需求出发，结合消费场景，切实帮助消费者解决问题。

在不同的场景下，人们会暴露出自己不同的痛点，由此也会出现不同的选择逻辑。就好比快餐解决的是顾客快速进食的需求，如何以最高的效率保证最充沛的能量摄入，这就是快餐店的痛点，广泛地存在于 CBD（中央商务区）等人流密集、人流量大的地区。除了快餐之外，有一些店需要的是社交场景，追求安静的环境和更好的服务，这就是另外一种商业模式。

换句话说，品牌所处的消费场景，决定了餐厅的获客效率、商业模式，甚至最终的商业成功。因此，餐厅在进行客群定位时，要充分考虑其所在的消费场景：其出现在消费者生活中的什么时间——周末或工作日；什么位置——工作或休闲空间，唾手可得还是世外桃源……这些都将成为影响消费者选择的重要因素。

永远不要和人性竞争

欲望是人的天性，包括人们对美食的贪欲。做生意，千万不要做反人性的事情。

> 在美国，吃沙拉是一件极为寻常的事情。在全球领先的沙拉连锁品牌 Sweetgreen 消费一餐并不便宜，售价从 8 美元到 15 美元，最便宜的不含肉类的极简搭配也需要顾客掏 8 美元买单。美国的沙拉风潮，归根结底出于消费者对沙拉的文化认同。
>
> 国内沙拉的售价大致为 35~45 元，比一般的快餐要贵些。在很多消费者的潜意识中，会认为花 45 元吃一盒“草”十分不划算，于是，他们更愿意花同样的钱吃一顿带肉的饭。

为什么沙拉在中国没有形成规模性的市场？正是因为在更广泛的餐饮市场中，人们对美食的欲望十分强烈。即便是想通过减肥保持好身材的人群，依然无法控制对所谓不健康食品的品尝欲望。从这个层面来讲，沙拉代表的健康食品在一定程度上违反了人类的某种饮食规律。在现实生活中，虽然确实有些意志坚定的人能克服欲望，坚持吃沙拉等健康食品，但这终归不是一个大市场。

对手定位：你会被谁替代，谁就是你的竞争对手

虽然加多宝和王老吉一场接一场的官司争的是市场地位，但是这反倒养成了国人喝凉茶的习惯。麦当劳和汉堡王的相互嘲讽，反倒帮助彼此在汉堡界拥有更高的地位。海底捞和巴奴、绝味和周黑鸭……它们都是在互相比较的过程中各取所长，协力占据了更大的市场份额。所以，如果你回头发现目前正在干的事只有自己在做，别窃喜是自己发现了新大陆，很可能是无数人试过后觉得咬人的鳄鱼太多，负伤逃离。

市场扩大往往源于消费者的关注，而关注又源于持续竞争和超越，因此，做餐饮不能惧怕竞争对手。喜家德的创始人高德福曾言："真正想要成功，不要打死对手，而是要想方设法让自己变得强大来超越对手。"要想做到这一点，首先要明确自己的竞争对手是谁，对自己的竞争对手进行准确定位。毕竟，知彼知己，百战不殆。

竞争的本质，其实是与竞争对手抢夺消费者的时间。时间成本其实是用户付出的最高成本。这个世界上有无数种服务，可每个人每天只有 24 小时，除了用于睡眠的 6~8 小时，剩下的时间才能用于体验各种服务。从这个角度讲，消费者分配给每种服务的时间是有限的，如何抢夺消费者的时间便成为餐饮竞争的重中之重。

竞争对手不一定就是旁边的其他餐饮门店，还有可能是与你的业态完全不同的品牌或者消费模式。其实，你会被谁替代，谁就是你的竞争对手。

想象这样一个场景，你隔壁的瑜伽教练每次都会告诉自己的学员，中午练完瑜伽，不要去吃饭，恰巧周边来客的午餐消

费是你很大一部分收入来源，这时候你的竞争对手就变成了这位瑜伽教练。

快餐的获客成本低，原因就在于它让消费者付出了最低的时间成本，用相对低的价格，抢占了消费者相对低的时间成本。所以，只有当获客能力比竞争对手强，同时获客成本更低的时候，你才有可能超越竞争对手，否则就会被竞争对手取代。以下几个方法，有助于餐厅更高效地抢占消费者的碎片化时间，值得经营者借鉴和学习。

创造良好的卫生环境

消费升级使得用餐感受成为人们选择餐厅的一个重要标准，通常来讲，良好的环境卫生不仅能够给顾客创造更为显著的视觉享受，也在很大程度上提升了人们对于餐饮卫生的信赖感，成为吸引顾客走进餐厅的一个非常重要的因素。因此，要想在短时间内战胜其他竞争对手、赢得顾客的青睐，对就餐环境舒适度进行打造就成了餐饮创业者在一开始就必须认真思考和对待的一个问题。

选择交通便捷的位置

交通便捷、容易找到且容易到达绝对是餐厅获客的一大优势，在生活节奏越来越快的今天，消费者对于消费场地位置的关注程度已经得到了前所未有的提高。在有选择的情况下，人们通常更愿意到一个交通足够便捷且停车足够方便的场所进行消费。另外，好位置不仅代表了其交通的便利性，也使餐厅的辨识度有所增加，因此，位置成为餐厅战胜竞争对手的一大优势。

轻餐饮模式

消费升级带来的另一个明显特点就是人们越来越注意个性化的体验。在时间越来越碎片化的今天，以经营甜品、小吃等为主的轻餐饮模式小店通常更容易得到消费者的关注。轻餐饮营造出来的休闲、惬意感是生活压力巨大的现代人十分推崇的，同时也是当前年轻消费群体追求的。因此，泡芙蛋糕等小型甜品店的经营模式十分值得广大餐饮创业者借鉴。

模式定位：商业模式的本质是效率体系

所谓商业模式，实际上就是对餐厅效率体系的搭建。事实上，人类任何一次工业革命都是效率革命，速度的提升以及对某一种资源的充分利用使得我们有了更大的存活空间，商业模式同样如此。利用有限资源做正确的事情，为消费者提供有价值的产品，是构建优秀商业模式的前提条件。只要给市场提供的产品有价值，价格只是结果。需要注意的是，这里提到的效率，是指一件事情本身的有效性。

任何商业模式都不可能全面开花，不应奢望在商业模式的每一个成本管控环节都能挤出利润。利润一定来自某几项核心竞争力的搭建，换句话说，对有限资源的高效利用实际上是构建商业模式的真正含义之一。

用菜单举例，菜单上的每一道菜都特别赚钱明显不太可能，餐厅的主要利润来源一定是其中的几道菜。成本管控的逻辑也是如此，餐厅一定要从其中几项比较大的成本中挤出自己的利润空间，实现对其中某一个或者某几个介质的高效利用。

对时间的高效利用

快餐是餐饮企业高效利用时间的典型代表，食物在顾客的进餐过程中仅具有其功能性。比如当别的餐厅还在使用柜台点餐模式时，你的餐厅已经使用新式点餐模式，自然能拥有更高的翻台率。同样的道理，更快的配送和更高的供应链效率，也能让餐厅拥有一定的竞争优势。

> 2016年下半年，自助点餐被麦当劳提上日程，仅半年之后就横空出世并高速普及，肩负起连接年轻消费群体和刺激消费的双重责任。在美国和中国，第一季度有千余家门店安装了自助点餐系统。在麦当劳的自助点餐机上，顾客可以从某个选择偏好开始点餐。以巨无霸套餐为例，确定“主菜”巨无霸后，机器会跳到“配菜”页面——薯条、鸡翅、鸡块等。如果选择薯条，系统会询问顾客需要中份还是大份。接下来，在选择饮品时会重复这个步骤。点完餐，自助点餐机会补充性地向顾客推荐玩偶、水杯等周边产品。正是通过在每个环节对顾客进行反复推荐和询问，麦当劳的自助点餐机完成了高于人工柜台客单价的点餐步骤。

触屏点餐、微信点餐的过程，不仅能让顾客感到顺畅、方便，还让顾客更容易成为品牌会员，享受各类定制化的优惠打折。此举意义十分重大，这是餐厅可以逐渐积累自己的顾客、与顾客随时随地开展各类互动，进而增加消费黏性的重要手段，也是餐厅可以逐步摆脱对各类团购、外卖平台依赖的关键工具。

对空间的高效利用

当然，这里并不是指把空间尽可能填满，而是能够让顾客充分享受空间带来的价值。比如空间非常大，非常安静豪华，或者说具有典型的巴洛克风格……这些都是对空间所谓的“高效”利用，它们为顾客打造了一种空间场景，这对顾客而言很有价值。

通过对空间的有效利用来构建场景，最终构建了这样一个商业模式：房租变成了利润的一大来源，食物在此时只是一种介质而已。

> 无论是嗅觉、视觉、听觉、触觉，还是味觉，星巴克咖啡馆都在努力为顾客塑造一种独特的浪漫情怀。精美而独特的包装、自然醇正的咖啡浓香，再加上时尚新潮、有自主知识产权的音乐，以及一流的环境和极致的服务，星巴克为顾客打造了一种细腻而美妙的空间场景。在这样的场景中，咖啡仅是向顾客传递咖啡馆独特格调的一种介质。

事实上，一杯咖啡的价值是很低的。在星巴克，空间价值要明显强于咖啡本身，这也是人们不会在快餐店消磨太长时间，而会专程去星巴克喝一杯咖啡的原因所在。

对食材的高效利用

有些餐厅可能其他方面都比较弱，但拥有为人称道的顶级食材，这时食物实际上变成了一种轻奢品。顾客来品味的就是食物本身，其他方面反倒显得不那么重要了。

在确定利润核心之后，餐厅应如何保障利润的持续性呢？通常情况下，一家餐厅的利润分为两种，一种是净利润，一种是毛利润。毛利润来自菜品本身的成本控制，是餐厅最大的利润来源。净利润则是门店综合管理带来的，毛利润高不代表净利润就高。当餐厅确定自己的主要赢利空间后，就要通过对这些项目的成本管控扩大毛利润空间。需要强调的是，这不等于餐厅的净利润，想最终挤出净利润，就要靠成本的综合管控。

小本生意，就是要算计。这话用在主营羊汤的特色餐饮企业武圣羊杂割身上一点都不假，武圣羊杂割对于成本管控方面的精明之处体现在以下两个方面。

1. 去厨师化、去服务化节省人力成本。在武圣羊杂割一个100平方米的店面里，一般只需要6个人，没有大厨，只有操作员和服务员。由于武圣羊杂割的内部环节全面实现了规范化和标准化，因此员工只需要按照流程步骤进行操作，大大节省了后厨成本。

2. 洗碗工作外包。如果餐厅单独雇用洗碗工，不仅要为其发放固定工资，还需负责其吃住问题。武圣羊杂割在洗碗问题上选择了和专业第三方合作的方式，这样不仅大幅度降低了餐厅的经营成本，还明显提升了工作效率。

通过综合管控，武圣羊杂割有效地降低了餐厅的运营成本，而砍下来的成本自然就是利润。这就是餐饮企业构建商业模式的最底层逻辑。

优势定位：如何能比竞争对手更赚钱

创业这件事不看是否高大上，只看到底能不能赚到钱。换句话说，餐饮创业是否成功，只看餐厅能不能活下去，且能不能活得很好。当一切以生死判断的时候，找到自己的竞争优势就变得尤为重要。所谓竞争优势，就是指餐饮创业者在市场中存活的独到之处，这些特点通常很难被对手超越，主要体现在以下五个方面。

速度

天下武功，唯快不破，一快可遮百丑。在商业模式还没有构建完整的时候，速度快便是你的竞争优势：同步启动的餐厅，当别人还在装修时，你的店已经开业赚钱，由此就具备了一定的资金回笼优势和相应的资源利用优势。

品牌

很难被竞争对手超越，意味着很难被复制。餐饮企业最难被复制的当属品牌，品牌之间的竞争才是竞争的最高阶状态。

著名烤鱼连锁品牌“江边城外”原名为“巫山烤全鱼”，在催红烤鱼品类的同时，让“江边城外”创始人李长江最为困扰的就是品牌同质化业态带来的恶性竞争。为此，2006 年，李长江正式将“巫山烤全鱼”更名为“江边城外”，并开启了规模化的发展路径。这是“江边城外”品牌定位的第一步，也是其构建自身竞争壁垒的重要一步。

品牌是企业竞争最重要的优势，离开品牌，一切你所构建起的餐厅“特征”都将失去表达的载体，所有努力也都会付诸东流。

模式

好的商业模式应该能像癌细胞一样自我裂变，吸收周围环境中的能量。虽然这种比喻让你不舒服，但癌细胞如今是最具生命力的组织形式之一，而哪个老板不希望自己的生意也如此有裂变能力呢？

提起重庆的九宫格老火锅，很多消费者的头脑中出现的第一个品牌就是“宽板凳老灶火锅”，但因商标注册问题和自身发展的考量，“宽板凳老灶火锅”于 2015 年 2 月正式更名为“井格老灶火锅”。CEO（首席执行官）王一达在拿回商标权之后，表示不再使用“宽板凳”这个品牌，因为对于“井格”而言，“宽板凳”已经成为过去。

“井格老灶火锅”的商业模式十分清晰——重庆九宫格老火锅的产品特色在火锅品类中极具竞争优势，价格切中主流消费者，主打年轻人朋友聚会的品牌理念，适合进入全国的购物中心和热门地区连锁开店。只要经营得当、因地制宜，便有可能实现快速扩张。

独特的商业模式，是“井格老灶火锅”在竞争惨烈的火锅市场中站稳脚跟的优势所在。毫无疑问，模式高效、管控得力，会让生意运转得更加快速有效，从而加快餐厅扩张的节奏，甚至为餐厅节省大量的成本。

产品

菜品好吃是餐饮企业的命门，然而在当前的市场环境中，任何市场反响好的产品都比较容易被复制。如今已是“酒香也怕巷子深”的时代，仅仅菜品好吃还不够，好产品一定要建立在优秀的商业模式和相应的品牌模型中。只有通过产品建立起餐饮企业的品牌感，才能最终打造一个更好的生意。道理很简单，星巴克的咖啡很好喝，在星巴克咖啡馆里的售卖单价并不便宜，但如果你把星巴克的咖啡装在一个普通的玻璃罐中，在街边以同样的价格售卖，显然大部分消费者不会买单。

创始人

从宏观的角度来看，餐饮企业在创业早期的最大竞争优势其实是创始人。作为创始人，当你足够热爱你要做的事情时，会用心地将这件事情做到最好，竞争对手就无法轻易超越你。相反，如果创始人的心态比较浮躁，没有认真地经营餐厅，即便前期竞争优势再明显，也难以保持太长时间。

商场如战场，永远不要低估你可能面临的竞争局面。当然，竞争的真正含义并不是贬低客户，而是要不断提升自己。餐厅只有具备了独有的竞争优势，并将其发挥到极致，才能够在激烈的市场竞争中站稳脚跟。因此，餐厅一定要在定位阶段找到自己的核心竞争优势，同时，根据目标客群的需求进行及时的调整和匹配。

案例

巴奴：定位越窄，品牌越有力

但凡优秀的企业，往往都会通过一种鲜明的符号让消费者记住。“缩小目标、分门别类、尽可能简化”，这是在传播过度的社会环境中获得成功的最大希望。定位越窄，品牌越有力，消费者才能在产生某种需求时，将你的品牌作为首选，各行各业都是如此。

巴奴火锅创立于2001年，前期主打“本色本味”，在河南郑州的火锅市场中并无任何出彩之处。2011年之后，巴奴火锅对自己进行了重新定位，将口号升级为“服务不是巴奴的特色，毛肚和菌汤才是”，立足于主要产品毛肚和菌汤，成功实现了扭亏为盈。

一段时间后，巴奴火锅再次对主打产品进行了改革——舍弃菌汤，聚焦毛肚。此次转变，让其一举成为能与海底捞分庭抗礼的火锅品牌。

以“1”博得顾客信任

对于当初改名的意图，巴奴毛肚火锅品类创始人杜中兵的回答非常简单：“想（在郑州）当第一。”

巴奴在2009年杀进郑州，当时海底捞在郑州市场的地位非常牢固。按杜中兵的说法，“干了三年，一心想打败海底捞，却连海底捞的边儿都没沾着”。当时海底捞的客单价为70元，巴奴为50元；海底捞员工月工资3000多元，巴奴只有2000多元；

海底捞旺季翻台五六次，巴奴只有三四次……这些数据一度让杜中兵灰心丧气："我们有足够的信念，产品和味道也并不比海底捞差，为什么就是不能胜过海底捞呢？"

痛定思痛，经过一番调查研究后，杜中兵发现问题不在态度上，而在战略和方法上。经过客户调研显示，毛肚和菌汤才是大部分顾客选择巴奴的主要原因。为此，杜中兵决定调整经营战略，既然顾客冲着毛肚来，那么就把毛肚做到极致，提高质量，价格也相应上调。虽然单款菜品的毛利率基本不变，但翻台率高了，总体赢利能力大大增强。

于是，"服务不是巴奴的特色，毛肚和菌汤才是"就成了巴奴的一句品牌标识，而"巴奴火锅"也在2013年正式更名为"巴奴毛肚火锅"。杜中兵相信，顾客才是真正的高手："永远记住一点，顾客自动自发找你玩，愿意给你付钱的理由，就是你的核心竞争力。既然调研结果是毛肚和菌汤，就要围绕这一点，坚定不移地走下去。"

"很多人觉得品种做得少会撑不住，好像自己什么都能做似的。"杜中兵坚信，只有1才能生出2，才能生出3和4，如果他们不能对1有帮助，甚至有些人一辈子只能干1，生不出2、3、4。以山药汁为例，如果一个企业只卖山药汁，等到顾客越来越多时，再推出蓝莓汁、橙汁等其他果汁，顾客会觉得它的山药汁好喝，其他果汁一定也不差，于是会购买其他果汁。最后，顾客不管想喝什么都会选该企业的产品，而不会选其他企业的产品。这款山药汁的意义在于博得信任而非撬动业务。

单点突破，企业才有拓宽业务的可能，而对于巴奴来讲，1就是产品，就是毛肚。

不能过分迁就顾客

世界上有两种企业：一种是我跟着你（消费者）走，是谓满足需求；另一种是你（消费者）得跟着我走，是谓引领需求。一向以“火锅界的乔布斯”自诩的杜中兵自然会选择后者。这一点，从巴奴的菜单中就能看出。巴奴所有菜品均不外卖，想吃请来店里。温馨提示上还有一句：“为了您和他人的食品安全，谢绝退菜。”

北京有一家四季民福烤鸭店，投诉菜品可退菜，而且奖励500元。西贝莜面村的做法是“闭着眼睛点，道道都好吃，不好吃不要钱”，任何菜品、任何理由都可退可换。当然，我们不能说西贝和四季民福就不是引领需求，因为不同企业有不同的自信方式，然而巴奴就是这种个性，杜中兵认为出售半份产品就是过于顺应顾客需求的举动，因此巴奴计划不再卖半份，“只要多于1，就会削弱认知。如果乔布斯在，苹果手机绝不会出Plus，‘不二’是占领顾客心智的一条重要法则。”

杜中兵表示，如果有顾客对巴奴服务员有人格上不平等的举动，服务员有权拒绝提供服务。在巴奴，有这样一句话——上不取悦政府，中不取悦员工，下不取悦顾客。在杜中兵的理念中，当一个人敢于拒绝一些东西时，这个人就自信了。

更重要的是，巴奴十分清楚：顾客消费绝对不是求来的。在餐饮行业，无论是客人，还是员工，真正的“忠诚”并不存在，这是人性的规律。真正的忠诚，必须建立在双方共同实现价值的基础上，客人要的永远是更极致的服务，员工要的是有更多认同感和成长空间。所以企业要做的，应该是建立信任，而不是今天换硬装，明天换软装，大后天换餐具……这些都不是问题的根本。

流行化是品牌最大的敌人

杜中兵认为，今天餐饮业面临的最可怕的敌人是流行化。“你一瞄就知道一个品牌是否有根。有很多品牌讲时尚、讲格调，可生下来就没爹没娘，好像是从石头缝里蹦出来的，哪有这种事？”

《22条商规》中有一条“趋势定律”：“如果你面对的是一个正在迅速崛起的行业，具有时尚的一切特征，那么你最好能够淡化时尚。通过淡化时尚，你就能使之流行的时间延长，从而使它更像一种趋势。”

当四面八方都在喊创新时，杜中兵最担心的是追逐时髦、挖根性的创新。在杜中兵看来，一家企业的根是不能动的，要围绕不变而变，变的目的是成为更好的自己。创新如何避免陷入流行化？杜中兵给出了两点建议：围绕你的品牌根部用力；产品永远是核心。

杜中兵表示：“你看麦当劳和星巴克，在近几十年里有挖根性的动作吗？每个品牌生下来都是有基因的，改来改去把基因改没了，怎么能有生命力？有几个顶级品牌是改造出来的？每个企业都有与生俱来的天赋，别总羡慕别人的风光，立足你自己的根，很多品类都可以做大。如果做不大，很可能是因为没有最顶尖的人。”

在这方面，巴奴曾走过不少弯路，当初紧跟海底捞学舞面，员工晚上回宿舍都睡不着。好在杜中兵及时意识到了这一问题，赶紧转换了着力点，从关注顾客感受转到了面条本身。调整面坯配方、找厂家、换刀具……历经9个月研发，才有了今天的拽面，用不着舞也照样出奇。如今，从服务到装修，再到对外宣传，巴奴所有的创新都是围绕产品这一个原点。

除了产品，没有捷径可走

这些年，餐饮业的明星企业你方唱罢我登场，大致可归为以下几类：一是以海底捞为代表的服务派；二是以莆田、巴奴为代表的产品派；三是以桂满陇、外婆家、绿茶为代表的性价比派；四是以喜茶为代表的时尚、流行派。

在杜中兵看来，除了产品派，其他派统统站不住脚，因为餐饮这行当，照顾好顾客的嘴，永远比照顾好顾客的人、顾客的眼球更重要。按杜中兵的“餐饮业重要指数”，产品是前面那个 1，然后是服务，再后是环境。“越拿后面的元素说事，越容易被淘汰；越拿前面的元素说事，品牌越有力。”

可照顾好顾客这张嘴，哪有捷径可走？所谓不难不中餐，在杜中兵眼中，多数学麦当劳、肯德基，走极端标准化道路的中餐品牌今天都在衰退。需要标准化，但不能有损口味。巴奴今天面临的挑战，是在必要的工序一道不减的情况下进行标准化。

杜中兵表示：“巴奴毛肚从新西兰进口以后，12 道生产工序，一道也不能少。巴奴火锅底料为什么好吃？原材料总共 40 种，如果为了工序简单点，40 种原料做好配比，一锅扔进去炒就行了。可你会发现有的原料炒煳了，有的原料火候还不够，所以谁先下，谁后下，谁和谁放在一起炒，简化不了，就是要保护传统工艺的本质，挑战复杂的流程。”在菌汤方面，“一碗菌汤，15 粒香葱末是最佳配比”，少则食之稍差，多则口感过重。

当身边卖毛肚和百叶的商家“无福尔马林不欢”时，巴奴用的是耗时一年精力与西南大学教授李洪军研究的“活性生物酶嫩化”技术，只为让顾客吃着更健康。巴奴拒绝跟风，强调产品，正是定位精准成就了今日的巴奴。

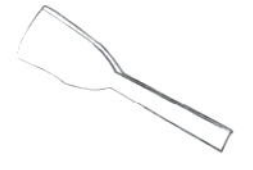

第三章

选址：
位置，位置，还是位置

餐厅选址的重要性，想必任何一个餐厅经营者都心知肚明。正所谓“一步差三市”，选择一个好位置，不仅仅是为了最大限度地降低租房成本，也会对客流量和营业额产生直接的拉动作用。说得更严重点，选址直接决定了一家餐厅的生死。

选址之前，请先进行成本计算

在传统观念中，开餐厅最讲究“租金便宜大过天”。只要租金便宜，不进行任何成本核算和选址分析就租下店面是常见之事。选址前期的操之过急，往往带来的是一系列后续问题：客流量过低、品类不匹配、物业纠纷不断……显然，单纯追求低租金已不是当下餐厅选址的唯一诉求。在选址之前，餐厅经营者有必要先做几道“数学题”，包括目标、对象、毛利、人均消费、人均产值、平效、人流量、房租的预估和计算，以此对租金的承受能力和成本控制有一个较为精确的了解。只有对这些数据心知肚明，才能进入选址的后续流程。

平效

让我们先来看看平效。顾名思义，平效就是每平方米的效益，即每平方米面积可以产出多少营业额。

餐厅平效 = 营业额 ÷ 门店营业面积

我们以北京海淀区的京茶小馆为例，在选址前按照人均消费60元、餐位数50个、店员9人、面积150平方米、中午上座率为100%（满座）、晚间上座率为200%（翻台一遍）来计算平效，得出的数据为1800元。

月营业额 =（60×50+60×50×2）×30=270000元

平效 =270000÷150=1800元

同一餐饮品牌在不同地段的门店平效会存在差异，比如京茶小馆在东三环燕莎店的平效为3000元左右，西单大悦城店的平效为4500元左右（星巴克的平效大致为6000元）。平效纵然是衡量店面经营效益的重要指标，但地理位置也是平效高低的决定性因素之一。

每月日常成本

在计算完平效之后，让我们再来看看成本，还是以这家店为例，各项成本计算如下。

1. 房租约占餐厅总流水（营业额）的15%。

房租：270000×15%=40500元

2. 人员工资约占餐厅总流水（营业额）的15%。

人员工资：270000×15%=40500元

3. 采购成本约占餐厅总流水（营业额）的 25%。

采购成本：270000×25%=67500 元

4. 水、电、燃气费用约占餐厅总流水（营业额）的 5%。

水、电、燃气费用：270000×5%=13500 元

5. 低耗占餐厅总流水（营业额）的 3%。

低耗：270000×3%=8100 元

6. 以上项目相加，即可得出餐厅每个月的日常总成本。

日常总成本 = 房租 + 人员工资 + 采购成本 + 水、电、燃气费用 + 低耗
=40500+40500+67500+13500+8100
=170100 元

需要注意的是，餐厅内每增加一个服务员，就意味着店面流水要随之增长，因此一定要保证员工的工作效率。

摊销

接下来需要计算的是摊销。按首期投入面积 150 平方米、开办费每平方米 5000 元计算。

首期投入成本 =150×5000=750000 元

假设餐厅打算 3 年内收回首期投入成本，就按 3 年摊销计算。

每年摊销 =750000÷3=250000 元

每月摊销 =250000÷12≈20833 元

餐厅利润

最后我们可得出餐厅的月利润。

餐厅的月利润 = 月流水 – 日常总成本 – 摊销

=270000–170100–20833

=79067 元

通过以上计算，餐厅经营者能够知道月租金为 4 万元左右、3 年内的月利润在 8 万元左右。有了这些数据，能够让餐厅经营者在选址时更加心中有数、有的放矢，不必片面追求低租金。只要是能贡献足够的、有价值的、与租金相匹配的客源，租金稍贵一些也能接受。在月利润的支撑下，餐厅经营者的月租金承受范围为 4 万元至 12 万元（4 万 +8 万）。当然，这绝不意味着初创餐饮品牌就应盲目选择租金高的好位置，一切以适宜为上。

比如，某地铁站附近有 A、B 两个店面对外招租。A 店面离地铁站 100 米，位置好但租金贵。B 店面离地铁站 300 米，客流量和曝光度略差，但租金便宜不少。对于中小餐厅的老板来说，B 店面无疑是自己的最佳选择，在餐厅起步阶段并不适合将重金砸在一个让餐厅多露脸的地方。

如今，餐厅的选址更像等址，一个好地段总是引来无数商家虎视眈眈。这是一个比拼资金实力的过程，也能让餐厅经营者更加看清自己的实际状况，万不可盲目追求客流量和曝光度，也不可仅仅看重低租金，“性价比”才是王道。

选址的三大影响因素

影响商圈人口数量的三大因素，如图 3–1 所示。

商业区、办公区、住宅区、大学城区、医院区、旅游景区、高速服务区等

经营规模、促销广告、交通条件、商业环境等

位置不同，人流量不同

图 3–1 影响商圈人口数量的三大因素

商圈类型

所谓商圈，简单来说就是指我们店铺所在地点可进行交易的范围。商圈的类型有很多，每个类型都有固定的一些特点，通常可以分为以下几类。

1. 商业区。该区域的流动人口比较多，相对比较热闹，平均消费金额较高，消费习性快速、流行。

2. 办公区。该区域通常白天人流较为密集，晚上人流则相对稀少，便利性的食物在此更受欢迎，平均消费金额也处于较高水平。

3. 住宅区。该区域人口较多，且消费人群较为稳定，消费习性更偏向于具有便利性、亲切感的产品，通常复购率较高。

4. 大学城区。该区域为学生日常生活场所，消费人群主要以学生为主，具有较强的密闭性和集中性，消费金额普遍偏低，更适合休闲快餐类食品。

除此之外，还有医院区、旅游景区、高速服务区等类型的商圈。不同商圈所面向的主要人群以及人群的日常消费习惯都存在较大差异。所以，各个店铺要根据自己的产品特点选择商圈，但是必须评估调查提供服务的覆盖范围。

商圈经营情况

商圈的经营情况不同，人口数量也有很大差别。通常在一个城市中，具有强大聚客能力的商圈屈指可数。如果是大型购物中心里的店铺，人口数量则很大程度上取决于所处商场的经营情况。

1. 经营规模。目标地段周围的写字楼和大型酒店的发展速度如何？是人气旺盛，还是人烟稀少？商圈氛围和发展趋势很重要，千万不可妄想你的餐厅能够鹤立鸡群，逆潮流而动。

2. 促销广告。如果平时商场经营者对于项目的宣传非常重视，就非常有助于提高顾客对商场的认知度，这样就可以在无形中帮助商场扩大辐射范围。

3. 交通条件。商场所处区域的交通条件也对商场的经营范围有极大影响，通常交通越发达，商场能够影响的人口越多。商圈范围越大，商场接纳人口自然也越多。

4. 商业环境。商场的环境也是商场日常经营的一部分，好的商业环境往往能够给人带来愉悦的购物体验，从而在无形中增强商圈的影响力，有效扩大商圈的辐射范围，为其内部门店带来更多的客流量。

5. 市政规划变动。这将涉及目标地段的拆迁和重建。试想，如果你刚与目标地段的业主签了10年期的合同，此地段就要面临拆迁，原本不错的地理位置便会失去优势，再谨慎的客流测算也是徒劳。

在商圈所处位置

在一个商圈内，店铺位置不同，客流量也会有非常明显的差别。通常越是靠近门口、地铁口或电梯出入口的地方，客流量越大，反之，客流量则越小。

星巴克在为店铺选址时有一个非常重要的人流原则——找到聚客点。其在初步确定商圈之后，会对该商圈人流进行仔细测算，以此来明确该商圈的主要流动线，然后以流动线为依据确定聚客点，而其店铺通常会选择开在距离聚客点较近的地方。

总之，决定商圈人口数量的因素有很多。商圈人口数量是影响门店营业额的一个非常重要的因素，作为餐饮店铺经营者，我们一定要想办法了解商圈的真实人口情况。

有人说评估店址要看地段、看潜力，这句话本身没有问题，但说得过于抽象。从本质上说，选址就是选客流。评估店址价值最终要看这个目标地段能够为餐厅贡献多少顾客，能否满足餐厅运营的要求，给餐厅带来令人满意的营业额和利润。

入驻购物中心的选址考量

> 我们先看一组数据：2014—2018 年，广州标杆性的购物中心正佳广场 B1 层美食广场里，餐饮品牌经历了一轮大洗牌，留下来的仅有 8 家，存活率低至 25%。之所以会出现这个问题，是因为：（1）商业综合体和餐饮店的数量不断增多；（2）市场竞争日益残酷，店铺的生命周期日益缩短。

人气旺、就餐环境优越是越来越多的餐厅在选址时优先考虑购物中心的原因，然而购物中心的疯狂扩建还是引起了产能过剩、饱和度超标以及品牌同质化等问题，进而导致入场餐厅的朝生夕死。

有鉴于此，购物中心的开发商和经营者纷纷开始包装自己，调整招商模式和经营模式，走向具有差异化的“体验”之路，这也是购物中心娱乐业、餐饮业、休闲服务业成为香饽饽的原因，大量的购物中心腾出了一半甚至以上的空间用于顾客用餐。

购物中心曾经是餐厅梦寐以求的选址地，如今早已告别了“物以稀为贵”的时代，餐厅在购物中心的位置选择变得越发有讲究：先看购物中心，后看主力店，再看具体店址。如果购物中心条件不行，就很难养育出好的主力店；而主力店不行，则无法带来足够的潜在顾客，店址位置再好也无济于事。具体而言，入驻购物中心需要从以下四大维度进行考虑。

人气热度

在条件许可的情况下，初创餐饮品牌应尽可能先攻占 A 级或 B 级购物中心，让更多的顾客知道自己的品牌。这里提到的 A 级、B 级，指的是购物中心的人气级别，由高到低分为 A、B、C、D 四个等级。在餐厅经营者无法简单判断购物中心的人气级别时，不妨使用百度“热力图”（见图 3–2）。操作方法十分简单：拿起手机，打开百度地图的热力图，我们可以通过观察它的颜色变化找到城市中的人气商圈：人群越集中，区域颜色越深；人群越分散，区域颜色越浅。

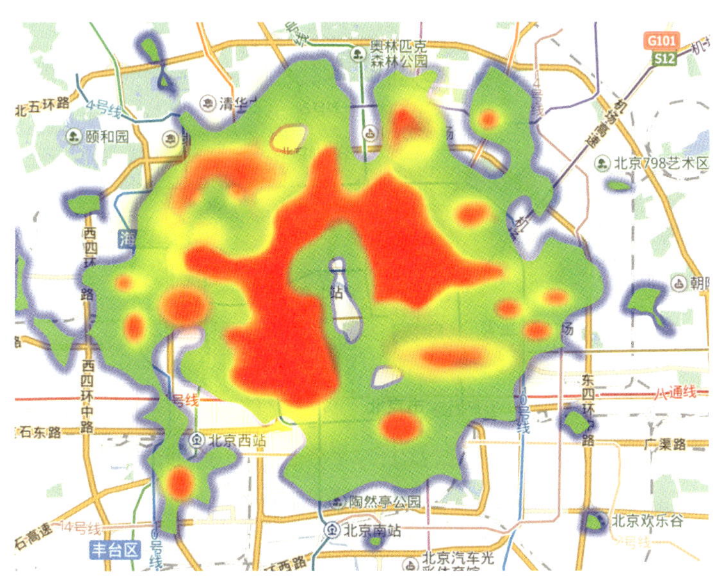

图 3–2 北京地区热力图

从图 3–2 中可以明显看出，CBD 商圈、国贸商圈、团结湖商圈、呼家楼商圈、朝阳门商圈的人群密集度最高。朝阳公园周边、西直门商圈、东大桥周边、大望路周边的人群密集度稍有减弱。如果将地图拉远一点，我们还可以发现，即便离市区较远，通州万达广场的商圈热度丝毫不亚于CBD商圈。

需要注意的是，在判断购物中心的人气热度时，应该对其进行工作日、休息日，以及早、中、晚不同时段的热度分析，从而得出较为科学、可靠的结论。

经营业态

经营业态的主要参考指标是周围写字楼和社区的入住率、住宅特色、顾客消费能力和有效人流等。此外，还要综合思考购物中心内是否有麦当劳、肯德基等大型餐饮品牌、餐饮品类组合是否多样化、品牌布局有何规划、购物中心主力店是何种类型等一系列问题。如果购物中心里连麦当劳这样的大型餐饮品牌都没有，那么建议餐厅经营者还是换个地方吧。

开发商的综合实力

开发商的实力不够、专业性不强，对于餐饮品牌的后期经营会有直接影响。成熟度高的专业开发商，不仅营销、物业、规划能力强，对于餐饮品牌、品类数量上的严格把控也能让餐厅在“差异化”上具备先发优势。比如，某购物中心内只允许进驻两个品牌的日料店，并且面积一大一小，安置在不同楼层，保证同一片区内的竞争对手不会泛滥。

因此，无论是成熟餐厅，还是初创餐厅，应首先选择像中粮、凯德、华润这种在全国范围内都有较大知名度的大型开发商。其次要考虑当地的实际情况，比如上海的百联、深圳的茂业、杭州的银泰、山东的振华等开发商，它们在当地的话语权和认知度往往超过前者。当然，项目本身的地理位置和周围同类型购物中心的密集程度也很重要。

地理位置

大多数人更愿意去离家近的购物中心，餐厅的潜在顾客主要分布于周围 3 公里的社区和商圈。能否让这些人觉得简单、直接、快速、方便，决定着餐厅在购物中心的存活年限。像购物中心距离地铁站能否控制在 300 米以内，距离公交车站能否控制在 100 米以内，半径 1 公里以内的旅馆、酒店等住宿设施是否有 10 家以上，道路是否拥挤，停车是否方便等问题，都应纳入餐厅经营者的考量范围。

在确定入驻某家购物中心后，餐厅经营者可以从以下三个方面考虑如何在购物中心选择具体的位置。

靠近餐饮品牌聚集地

商场对于各楼层、各区间有着不同的功能划分，餐厅应根据品类对号入座，千万不可以“独行侠”的姿态出现在餐饮聚集地以外的地方。顾客都希望有更多的用餐选择，一般会先找个餐饮品牌多的地方再从中挑选。餐厅离餐饮聚集地越远就离顾客越远，自然也离赢利越远。

与主力店的距离

购物中心一般会把主力店设在两端，比如海底捞、眉州东坡、外婆家等人气旺的餐饮品牌，或者电影院和超市。当两端主力店的业态和实力相当时，应尽量选择中间的位置。当两端主力店的业态不同时，则应根据客群定位进行选择。如果是主营休闲餐饮、简餐等适合年轻人的餐厅，就应该靠近电影院、电玩城等业态。如果是主营中式正餐等适合全家人的餐厅，就应该靠近便利店、超市等业态（见图 3–3）。

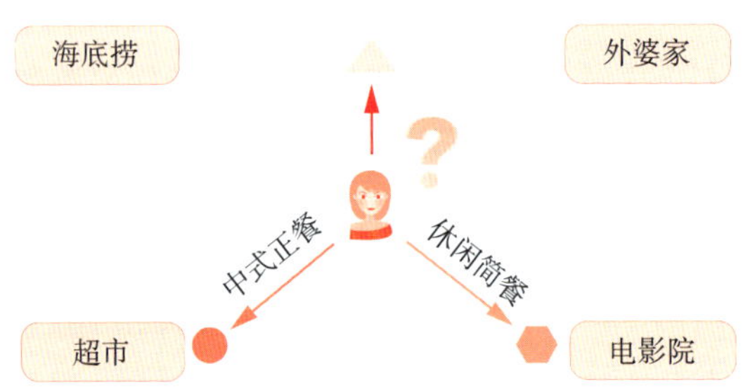

图 3–3 尽量选择动线中间的位置

店中店

购物中心的位置较好，往往意味着租金较高，对于一些初创餐饮品牌而言很难独立承受。那么是否意味着初创餐饮品牌就与购物中心无缘了呢？

2017 年 12 月，伴随着同一年掀起的手摇黑糖牛奶系列饮品风潮，拥有快乐柠檬品牌的雅茗天地集团又推出了一个全新的品牌——“喝嘛”，主打手炒黑糖和白珍珠。2018 年 9 月，“喝嘛”与台湾知名火锅品牌“熬八年”达成战略合作。首家联盟合作店就选址于一家大型购物中心。“喝嘛”为“熬八年”水吧区域提供产品、原料与相关培训。顾客一进门店，就能看到这个小窗口，它既能服务堂食顾客，也可以对外零售。

就像当年凑凑引发行业关注的茶饮与火锅复合业态一样，“熬八年”+“喝嘛”这个独特战略联盟的建立，既能为这个新的茶饮品牌增加曝光度、实现销售，又能大大节省开店的房租成本和人力成本，同时也缩短了品牌走向市场的漫长培育期。

入驻购物中心本就是一场博弈：跟开发商博弈，跟竞争对手博弈，跟顾客博弈……稍有不慎就可能满盘皆输。一家不错的购物中心，并不意味着一定能给餐厅带来好生意，拍脑袋决策的选址办法不是不行，但总不如“商业预判+实际考察”走得更长远。

社区，下一个选址风口

让我们将选址的目光转向一个熟悉又陌生的地方——社区。说它熟悉，是因为中国餐饮行业正是从社区起步发展至今的。说它陌生，则是因为传统社区式微，新型社区兴起，社区重新成为餐厅选址的香饽饽。

在购物中心成为选址热门之前，社区是传统餐厅最早的根据地。大量家常菜餐厅依靠社区构建了庞大的餐饮网络。在那个时代，这些餐饮店的主要优势在于其解决了人们最原始的“饥饿”问题，以量大、实惠为主要经营策略，高性价比是这类社区餐饮品牌的主要特征。从人群角度讲，这一时期的主力消费人群以60后和70后人群组成，消费观念相对传统，餐饮需求以聚餐为主。

时过境迁，聚餐需求已经明显减少：一方面，人们对待餐饮的态度正在告别唯性价比至上的时代；另一方面，社区居住人群从大家族逐渐变为小家庭，传统社区餐饮业态显然不能满足当下社区的变化。随着大众餐饮市场主流消费人群的更迭，未来消费群体将逐渐从 60 后、70 后人群变为 80 后、90 后乃至 00 后消费者，其背后产生的多样社区餐饮需求将是购物中心之后另一个巨大的餐饮消费市场。

以北京为例，新型社区往往由小家庭和流动人口组成，人们对餐饮的需求告别了家常菜的时代。在主流消费人群普遍年轻化的趋势下，社区餐饮业态也需要“小而美”。社区店的体积小、租金低，可以让渡一部分成本给更好的食材。

在一些中高端小区里，住客对食品安全有着较强的需求，同时也有较强的消费能力。但由于小区新建，各项配套设施尚不完备，周边往往没有地铁通达，缺少核心商圈，如果不打算出远门就餐，选择其实十分受限。因此，社区中餐饮业态的竞争相对较小，但客户黏性反而更大。另外，由于现在的年轻人忙于事业，大多不经常下厨，社区的餐饮需求呈现出爆发性的增长态势，已经成为除了购物中心之外的第二个主要餐饮消费阵地。

2018 年底，经过半年多的努力，升级后的大家乐在深圳亮相，这也是其在内地的第 100 家门店。新门店顺应了消费升级的时代转变，从空间、环境等方面迎合和满足消费能力更强的年轻群体，主攻“社区交流”。新门店考虑顾客在用餐时面对面沟通和社交网络在线交流的需求，在空间设计和布局上做出了相应调整，桌椅增加了坐垫和靠背，确保久坐也会舒适。桌面有隐藏式 USB（通用串行总线）接口，方便消费者使用智能设备。从 2018 年开始，大家乐加快了在内地开店的步伐，新店数量比 2017 年增加一倍。2019 年 7 月，它与 8 家地产商签订协议，计划未来 5 年让广州和深圳的门店数量翻倍。

对于社区人群的运营及理解，决定了社区型能走多远。显然，社区的用餐感觉和白领在 CBD 吃一顿饭的感觉截然不同，前者更加放松温馨，后者更加追求效率和功能。这就意味着入驻社区的大众餐厅必须天生自带“社交”属性，绝不能简单地定位于果腹的场所，更应该是顾客获得生活成就感的阵地。

对于社区内的餐厅而言，在选址前主要应考虑两大问题：第一，餐厅是供应社区内部，还是面向外部；第二，社区本身的人群结构和消费能力怎么样。以此为依据，才能制定对应的经营策略和措施。以下是三种不同品类餐厅对于社区选址的不同要求。

商务餐厅：高档社区

一般来说，商务餐厅不太适合进驻购物中心，它需要购物中心为其提供单独的通道、电梯。如果需要穿过商场才能到达餐厅，会直接影响商务宴请需要的高档形象。因此，有些商务餐饮品牌如王品、鼎泰丰等，会将选址重点放于高档社区。

对于商务餐厅而言，一般消费为商务宴请或者宴客，客单价在 200 元以上甚至上千元，以高收入人群和商务消费人群为主要消费对象。因此，商务餐厅对社区的选址标准是最高的，必须地处商务氛围非常浓厚的区域，周边拥有较多的写字楼和酒店。

大众餐厅：大型社区

大众餐厅的选址较为多元化，要求相对不那么苛刻，可以开在一些比较集中的住宅区，但距离市区较远的社区不在考虑范围。这样的社区意味着大多数住户的工作地点较远，午间很少回家。如果餐厅选址于远离市区的社区，午餐基本上食客寥寥，营业额只能指望晚餐。

异国风情餐厅：外国人集中的社区

异国风情餐厅多开在外国人比较集中的区域，比如艺术社区和外交公寓。

> Flatwhite是北京的一个耕耘多年的社区咖啡馆品牌，咖啡消费人群聚集在哪里，店铺就会开到哪里。北京目前的咖啡消费者集中在外国人群体、高校学生、白领、有海外生活经历的中等或以上收入人群中间，因此，Flatwhite的16家分店中，有两家位于艺术区，两家进入了外交公寓，还有三家位于外企或涉外办公机构中。
>
> Flatwhite这些门店的区位看上去颇为分散，有商业区、住宅区、文化艺术区。外交公寓的住户毫无疑问是咖啡的主要消费人群。精品咖啡进驻高校，特地选择了北京第二外国语学院的食堂楼，同时提供比其他分店更为优惠的价格，有大量的海外留学生同样可以带动消费。外企中国总部的员工也是咖啡消费的重要人群。

Flatwhite的选址思路有别于一般以商区、居民区为中心的选址原则，而是向日常生活中更多纵深的休闲场合扩张，为社区餐厅提供了较为新颖的发展思路。

在购物中心餐饮业态普遍被看好的情况下，社区餐饮反而出现了更大的机会：一方面，社区餐饮需求并未因为购物中心餐饮的兴起而减退；另一方面，传统社区餐饮店面逐渐无法满足多样的社区餐饮就餐需求。随着主力消费人群的更迭，社区已经成为餐厅选址的又一个热门选择。

扎堆选址，充分享受“聚集效应”

> 三里屯酒吧街是北京“夜间经济”的头号标志地。据粗略统计，三里屯方圆一公里范围内，云集着北京60%以上的酒吧。在这里，你可以看到年轻的男男女女去俱乐部喝喝跳跳，去酒吧边喝酒边看乐队演出，去酒馆跟朋友闲聊发呆，甚至去琳琅满目的 Mojito 档口店闲站一晚上……每家店都能在这里找到自己的“伯乐”，而且它们也并不在意竞争对手抢了自家的生意。

事实上，这种扎堆选址的情况比比皆是。如北京集西单大悦城、老佛爷百货、君太百货、汉光百货、西单商场、西单购物中心、明珠商场等购物中心于一身的西单商圈和集麻辣小龙虾、火锅、烤鱼、馋嘴蛙于一身的晚市簋街。

扎堆这种以聚集的形式最大程度聚拢消费者，并为之提供多元化产品选择的现象早在商周时期就已出现，被称为“聚集效应”。“聚集效应”的呈现方式相对灵活自由，甚至不以固定的商业形态或者体量大小来区分。

> 说到扎堆选址，肯德基和麦当劳这对“欢喜冤家”是一个典型案例。有人专门对中国区域内的肯德基和麦当劳进行了数据统计，结果显示，在肯德基 5012 个门店和麦当劳 2176 个门店中，近 55% 的麦当劳店铺在 500 米内都有肯德基的存在（见表 3–1）。

表 3–1 麦当劳与肯德基相邻数量统计

距离（米）	50	100	200	300	500	1000
数据（麦当劳）	95	298	678	925	1196	1618
占麦当劳总数百分比（%）	4.37	13.69	31.16	42.51	54.96	74.36
占肯德基总数百分比（%）	1.90	5.95	13.53	18.46	23.86	32.28

除了肯德基和麦当劳之外，“扎堆选址俱乐部”的成员还有很多，像星巴克和咖世家咖啡、面包新语和 85℃、味多美和好利来，无一不在宣告这一现象的合理性。

这些同质竞争餐厅之所以总是扎堆选址，是因为当其中一方决定于市中心某条街或某个位置上布点时，其选定的位置一定是经过缜密测算和调查后的结果。如果另一方也想设点，最优位置越靠近对方越好。当然，在具体分析时，还应考虑到品牌策略、商圈选择、选址开发节奏、竞争策略、区域操控、策略联盟博弈等因素。

既然弱势的一方利用“聚集效应”可以获取更大的市场份额，那么扎堆成为餐厅选址时的一大潮流也就不足为奇了。在具体操作时，以下三个方法或许会对餐厅经营者有所帮助。

同品类扎堆

一方面，同品类扎堆可以大大节省餐厅选址时的各项考察成本（时间、人力、资金等）和精力；另一方面，由于经营品类大致趋同，如果经营过程中有一家餐厅做宣传，其他相邻的餐厅便可获得或多或少的好处：产品的推广、品牌的曝光、顾客的增加、销量的提升……这能让餐厅在“捡漏”的同时节省很多宣传费用。

需要注意的是，同品类扎堆对餐厅的差异化提出了较高的要求。在进入同品类扎堆的商圈时，餐厅经营者应当仔细调查诸多竞争对手的特色和条件，并对自己的餐厅进行差异化包装经营，比如时间段的错峰、定位的差异化、客群的差异化、装修氛围的差异化等，以防止恶性的无序化竞争。

不同品类扎堆

不同品类餐厅的合理搭配可以为商圈增加丰富度、成熟度和新鲜度，从而为商圈带来更加多元化的客群和更广阔的市场空间。至于能否产生“聚集效应”，则取决于能否满足以下三点。

1. 同类人群的目标与需求。比如咖啡、西餐、烘焙、鲜花、书店、杂货店、音像店一条街，它满足的是追求优雅独特用餐环境和惬意生活态度的人群。又比如烧烤、火锅、麻辣小龙虾、KTV、酒吧一条街，满足的就是对沟通、休闲以及社交有强烈需求的人群。

2. 各品类的感觉和特征相互映衬。各品类之间格调统一，在扎堆时不会产生明显的违和感。

3. 各品类有类似的气质。各品类的行业服务性质虽有差异，但能够相互通融。

同品牌扎堆

同品牌扎堆选址的现象如今也很常见，比如成都春熙路商圈不到 800 米的范围内就聚集了 10 家星巴克。又比如在簋街，仅仅“簋街仔仔麻辣龙虾店”一个品牌就占据了 6 个铺位。

就位置而言，同品牌扎堆较多出现在购物中心的各个节点上

（一楼的中间位置、影院旁、写字楼、外街等）。这种情况有利于同一品牌资源的高度集中，以便更加充分地挖掘特定区域的市场潜力，发挥资源整合优势，降低管理成本和后勤服务成本，有利于餐饮品牌的一体化管理，还有利于提升宣传效果，树立良好的企业形象，更快、更好地获取规模效益（连锁企业为主）。

餐饮品牌在同一商圈内扎堆选址，必须对商圈进行周密的调查分析和市场调研，需要雄厚的资金支持和内部资源配备。

对于餐厅而言，扎堆选址可以享受明显的“聚集效应”。对于消费者来说，餐厅扎堆开店可以带来更多的用餐选择。聪明的扎堆或者抱团可以实现“双赢”，盲目地独立也许反倒会因小失大。

案例

井格的选址秘籍

很多大型餐饮企业都有各自的选址套路，井格也是其中之一。井格火锅目前在全国有100余家门店，街边店和“商超[①]店”并存，每家店的生意都颇为火爆。是什么样的选址策略奠定了这些门店的火爆生意？井格成功选址的背后有哪些不为人知的奥秘？

盈亏计算：“商超店”和街边店并行

事实上，包括井格在内的很多餐饮品牌都是由街边店起家

① 商超，即商场里的超级市场，这里也指大型商业综合体。

的，之后才把中心逐步转到“商超”中去。值得一提的是，井格并没有完全把重心转移到“商超”，而是选择了“商超店”和街边店两条腿并行的道路。之所以做出这样的决定，主要是基于对盈亏的考虑。

以井格在北京天通苑地区的两家店为例。天通苑属于大型社区，井格先在天通苑开了一家街边店，一年之后，又在距离其800米外的人流聚集区龙德广场开了一家“商超店”。距离如此之近，两家店的生意不但没有下降，反而让街边店的营收提高了10%。原因何在？首先，两边的客群是不一样的，“商超店”是以逛街的女性为主，街边店则是男性聚会居多。其次，在“商超店”排队严重的情况下，很多人会自己选择到距离不远的街边店消费，这样会在一定程度上促进街边店的营收。

不同场景，面对的客群特性自然不同。在井格看来，选址重要的不是选在哪里，而是选的地方能不能高过盈亏平衡线，能不能赢利。过度迷恋“商超”或者铺王，可能只是在赔本赚吆喝。何况一家生意不好的“商超店”并不能为品牌加分，反倒会给消费者留下坏印象。商业的本质还是以利益为上，连赚钱都无法保证，品牌又从何谈起？

“商超”选址：一筛、四看、二注意

“商超”的客流大，对品牌宣传的作用强，是很多餐饮人梦寐以求的选址点。然而，并不是所有的“商超”都适合餐厅入驻，这需要一个初步筛选的过程。

井格选择“商超”就是在选择开发商。优选万科、万达、凯德、华润等大型开发商。大型开发商的优势不言而喻：管理规范、招商能力强、规划合理、位置好。跟着大型开发商走可以省心省力。相反，小型开发商存在很多不规范的地方，有时候进去容易，出来难。

不同规模的城市，选择也大不相同。在一线城市应进成熟“商超”，不进新兴“商超”。北、上、广、深这些大城市的商业地产比较成熟，成熟的“商超”的规划会很明确，招商能力和吸引客流的能力有目共睹。尽管进驻成本高、需要排队，但进驻之后风险较小。而新兴的“商超”未知性高，风险较大，需要慎重考虑进入。在二三线城市，新兴“商超”会对标一线城市“商超”，将“商超”建成当地的地标性建筑，可以吸引大量的客流和关注。2016 年，井格进驻了包头新兴“商超”苏宁广场，进驻的时候以 3 元 / 天 / 平方米的价格拿下了 300 平方米的店，开业第一个月的营业额就达到 70 万元。得益于二三线城市发展带来的红利，井格的这次选址又成功了：租金成本低，营收却不低于一线城市的门店。

在真正入驻“商超”之前，井格还有自己的“四看”考量。

看大型连锁餐饮品牌的选择

在井格看来，入驻“商超”不能只考虑同业态的竞争情况，而忽视其他餐饮的情况。自己的选址策略可能会出错，但不可能西贝、外婆家、绿茶、局气、将太无二等所有大型连锁餐饮品牌都出错，所以，看大型连锁餐饮品牌是否进驻也是井格判断一家“商超”的吸引力的基本标准之一。

看商场客群与自身定位的匹配程度

每家“商超”都有自己的定位和辐射人群，最好的体现就是“商超”一楼的零售品牌：是LV还是H&M，二者的区别还是很大的。因此在选择“商超”时，一定要对自己餐厅客群的定位有所了解。在井格看来，选“商超”，实际上也是客群与自身定位匹配的过程。匹配不上，强行进驻也是得不偿失。

看电影院和超市的建设情况

超市和电影院是吸引客流的两项基础设施，餐厅跟着客流走总是没错的，因此，井格在“商超”选址时，一定会先对这两项基础设施进行重点考量。

看停车的便利性

停车便利与否也是井格选择“商超”的主要标准之一。如果吃顿饭花了100多元，停车费却要交几十元，下回谁还会去？

在“商超”内的具体位置选择也是非常重要的，井格认为，在“商超”内进行具体选址时要注意以下两点。

动线

商超的顾客可以分两种：一种是目的性强，想吃火锅会直达目标；另外一种是在移动的过程中进行选择。根据这两种情况，井格认为，只要店的选址在顾客移动的主动线范围内且广告展示面积足够即可。

楼层

在“商超”选址一定要根据品类选楼层，正餐开在正餐层，快餐去快餐所属的地方。井格就曾吃过这样的亏：上海中山广场位于繁华商圈，也是很多餐饮品牌梦寐以求的地方，井格为了进驻中山广场，在具体位置上做了妥协，将店开在了快餐林立的B1楼。想吃正餐的顾客直接去了正餐楼层，想吃快餐的人却不会选择井格，其生意一时颇为惨淡。

街店选址：细节确立优势

相比“商超”选址，街店选址更为复杂。不同品类进入的街店类型不同，火锅适合社区街店，快餐则适合商圈街店，不能完全看客流的多少，还要根据客群的特点来选址。在社区选址的时候，井格会考察以下几个条件：社区类型、动线方向、客流、工程便利条件。

社区类型：进大不进小

井格选择社区类型和选择“商超”的基本原则类似，优选大型社区，不进中小型社区。大型社区的人员流动可以有所保障，中小型社区的客源不稳定。

动线方向：顾客方便很重要

动线和停车位有时候可以决定生意的好坏。井格在北京簋街有三家店，这三家共同的特点是都在路的北侧。为何？因为簋街路北的生意好于路南。首先，路北的马路比路南宽，方便停车。

其次，大多数人去簋街的路径都是从北京二环外到簋街，从道路北侧经过时可以顺势停车并选地方吃饭，南侧则会因为车不易掉头而流失一部分顾客。

此外，在测试街道动线的时候，一定要以顾客的角度去考虑。当选址时，井格非常注重马路中间的隔离带这个细节。由于顾客选择的随机性很强，越过马路就会削减很大一部分客流。

客流：拉长时间维度

井格认为，客流通常算的是捕捉率，它指的是在一定时间内（如一天）所选店铺在当地进店的客流量。因此，在考察客流时，井格通常会先选择一个与自己品类相似或者目标选址街道的餐厅，根据其一天进出的客流倒推是否可以满足开店条件。

例如，目标选址店铺的租金是 8 元 / 天 / 平方米，共 300 平方米，这样每天的租金为 2400 元，加上人力成本和原材料成本，可以算出每天的成本。300 平方米可摆放 60 桌餐位，客单价为 100 元，根据客流捕捉的数据，井格能基本判断出多少客流可以保障店铺营收。

另外，井格进行客流的捕捉时间主要集中在三个时段：周一中午和晚上、周五中午和晚上、周末中午和晚上。根据井格以往的经验，周一是一周生意最差的；周五时间特殊，中午生意可能会很差，但是晚上会暴增；周末代表了假期，也是必须观察的一个时段。三个时段都满足了基本要求，才能判断此处是否适合开店。

工程条件便利：不可忽视细节

工程条件也是井格选址主要的考核因素之一。街边店的工程条件复杂多变，很多的坑需要亲身经历才能跳过。与居民楼的距离，广告位展示，水、电、燃气等问题都必须考虑，可能一个小细节就会影响整家店的经营。

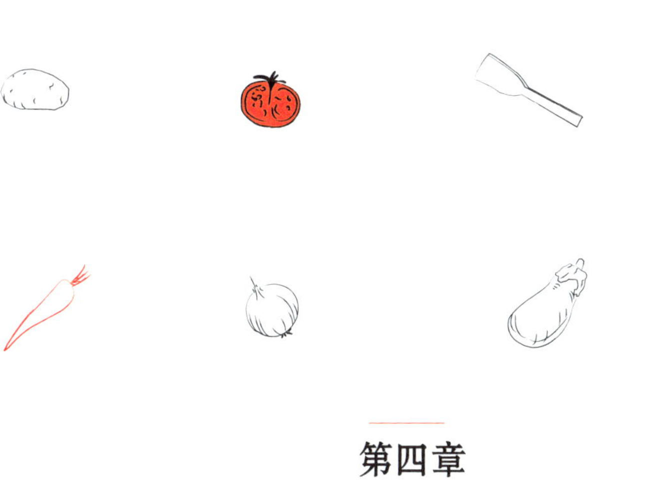

第四章

装修：

营造最美用餐体验

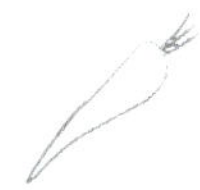

在中国人的眼中，“吃”长久以来都是一件非常讲究的事情。这种讲究伴随时代的进步也得到了升华，单一味觉上的满足已经不再是顾客衡量餐厅好坏的唯一标准，装修风格和用餐氛围越发受到顾客的重视。一个环境优雅，具有格调和品位的餐厅，总是能够给人以舒适感，让人赏心悦目，并由衷地爱上它。餐厅装修绝不是简单的刷白铺砖，认真优秀的设计团队会为一个就餐空间进行深入细致的思考，无论是动线、灯光、材质、色彩，还是背景音乐等各个方面，都蕴含着巨大的学问，并正在逐步演变成一种新的就餐标准。

动线设计的效率革命

餐厅的空间布局远不是随便摆摆桌椅、门口放置一个收银台这样简单的事。从顾客的点餐和买单，到员工制作餐点和送餐，每一个环节都蕴含着看似不起眼却影响深远的布局设计。让我们从动线谈起。

动线是建筑和室内设计的专业术语，优良的动线设计在博物馆等展示空间中特别重要，如何让进入空间的人在移动时感到舒服、不会轻易碰到障碍物、不易迷路，这其实是一门很大的学问，对于餐饮行业同样如此。

餐厅设计的核心是“效率”，这里的效率与快慢无关，而是在符合自身定位的前提下对于空间的利用是否高效。对于快餐而言，这一点尤为重要。一般来说，餐厅内的动线分为顾客动线和服务动线两部分，顾客动线是餐厅的主导线路，合理的设计能清晰地引导顾客的移动方向，让顾客在点餐、就餐、出入的过程中能流畅且有序地行动，令顾客更加方便地使用空间（见图 4–1）。服务动线则以高效为原则。科学的动线规划不仅能提高工作效率，还能节省成本，提高顾客的满意度。简单来说，前者需要保证最佳的设计体验，后者需要保证最快的服务效率，两者效率的叠加便是餐厅内的总体运营效率。

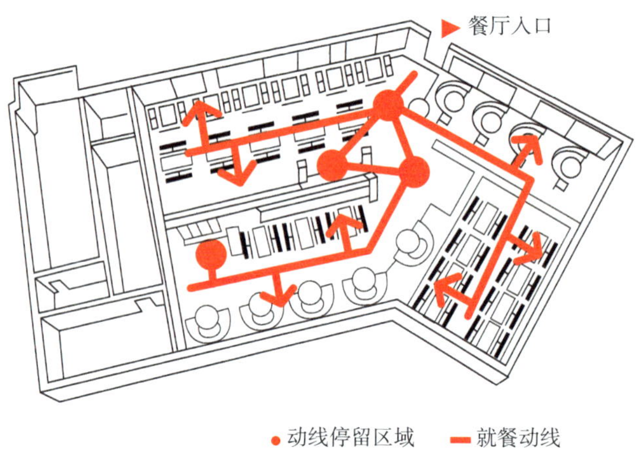

图 4–1　顾客就餐动线图

由此，我们不难理解为什么快餐店需要顾客自己点餐、取餐。这种方式可以把服务动线完全压缩在收银台之后，效率更高。具体说来，餐厅的动线设计有以下几个作用。

1. 简化点餐流程。从顾客入店点餐开始，就需要进行明确的动线规划。这个环节的动线设计应力求简单，让顾客能迅速地理解设计的逻辑，找到点餐的位置并井然有序地等候或点餐。进一步来说，合理的动线规划能方便顾客决策、刺激顾客的消费欲望、提高点餐和服务效率等。

2. 降低餐食准备时间。员工准备餐食也需要纳入动线规划的考量范畴。无论是直线型的快餐，还是横向型的咖啡店，员工都需要以流水线的服务动线开展工作，这样有助于员工高效地完成简单的餐食准备工作。对于需要后厨出餐的餐厅来说，如果厨房动线设计不良，会阻碍出餐的流畅度，增加顾客的等待时间，从而影响用户体验并降低翻台率。

3. 降低人力成本。内场的动线设计有时甚至比外场重要。厨房的动线和流程如果在前期没有进行科学合理的设计，会增加人力成本。当餐厅人流过多时，反而会更加忙乱，对营业额没有直接的提升效果。在厨房的空间配置上，需要以备料、配菜、出餐的流程顺序，决定设备的摆放位置和人员的位置，这样可以提高出餐速度并减少慌乱。

优化的路线设计能明显提升餐厅的效率，让服务更加快速，出菜、应答、收桌的方便和快捷都能提升翻台率，给顾客带来优质的用餐体验。那么在前期进行动线设计时，餐厅应该注意哪些事情呢？

1. 避免交叉。在设计动线时，需要避免顾客动线与服务动线的重合与交叉，上菜和撤席通道需要区分，还要考虑过道的宽度和方向。一般来说，普通餐厅的服务通道的宽度约为 75 厘米，而相对奢华的餐厅等则需要最少 90 厘米的宽度。同一个方向的过道不要过于集中，避免发生碰撞。

2. 最短距离。服务动线最重要的作用是缩短出菜的距离，让餐食能最快速、最安全、最新鲜地抵达顾客所在的餐桌。对于面积较大的餐厅来说，通过规划片区和设置出菜口的位置能避免出菜路径过长，提高工作效率。例如，不少餐厅在每一层楼都设有出菜口，或者在较为居中的餐厅空间设置出菜口等。

3. 最佳位置。服务动线设计还需要考虑各个功能点，包括工作台、出菜口、洗碗间、收银台是否合理，应从功能区域中找到员工最佳的待命位置。这些最佳位置点需要满足员工用最少的行走步数，完成对顾客的服务。还可以通过设置区域性的服务台，进行餐具存放或茶水摆放，有助于员工缩短行走路线。

下面让我们以两大餐饮巨头麦当劳和肯德基的实地测评案例，

全方位地剖析餐厅动线设计的各个细节。

麦当劳的动线设计变化与实测

核心关注点：独立取餐区及自助点餐机。

独立取餐区的最大意义在于减少了点餐区域的人群堆积以及点餐、取餐人流重合混乱的情况。同时，配餐员的移动也更有效率，实际上取餐区变成了配餐台。在实测中，两人分别通过柜台和自助点餐机点了相同的套餐。

实测地点：麦当劳北京东大桥店。

实测时间：晚上 6 点半。

套餐选择：麦香鸡套餐。

点餐模式：柜台＋点餐机。

柜台点餐：由于不同的人使用不同的支付方式，加之收银员需要反复确认顾客的点餐内容，含排队时间耗时 82 秒。

点餐机点餐：点餐机前几乎没有人，由于套餐展现得更加清晰，测评员很快点完餐并选择微信支付的方式，耗时 65 秒。

结论：两项改进的核心都关乎“收银台”，这也是快餐门店中时间成本最高的区域。自助点餐机的确省去了相当可观的时间和人工成本，使得点餐效率大大提升。

肯德基的动线设计变化与实测

核心关注点：手机点餐的全面推广。

如果说麦当劳的改进是在努力减轻“排队”的烦恼，那么肯德基则希望通过手机点餐消灭排队。用户甚至可以不进门店就点好餐，并选择在就近门店取餐。为了保证人群、人流的一致，测评员选择了紧挨麦当劳东大桥店的肯德基进行了一次实测。

实测地点：肯德基北京东大桥店。

实测时间：晚上 7 点。

套餐选择：新奥尔良烤鸡腿堡套餐。

点餐模式：柜台＋手机点餐。

柜台点餐：肯德基的点餐区和取餐区并没有明显的区隔，经常造成点餐人误排到了取餐队列，用户体验值下降，含排队时间耗时 117 秒。

手机点餐：使用手机点餐，除了取餐外，不用去收银台，总耗时 90 秒。

结论：手机点餐附带另一项功能——看着很多人排队，自己却能先找好位置等待，从心理感受上节约了很多时间。这同时考验店内的网络情况，一旦无法快速连接网络，用户体验就会大打折扣。相比柜台点餐，肯德基把收银台延伸到了马路上、办公室、家里等更多场景。

从麦当劳、肯德基的实地测评案例中，我们可以总结出快餐店内动线设计的三个关键要点。

1. 尽早让顾客做出选择。麦当劳和肯德基的店面往往在门口就贴出了当日推荐的套餐组合，并把主推产品挂满屋顶。这看似是宣传手段，背后却包含对点餐效率的思考。理想的状态是顾客在没站到点餐台前就已经做好消费决策，省去在台前犹豫的时间。

2. 减少服务员的移动。麦当劳与肯德基的后厨与收银台是其为数不多涉及服务动线设计的部分，整个布局意在减少服务员的移动，甚至考虑到减少服务员弯腰和转身的需求。收银台和后厨之间保持了高效沟通的距离，人员流动不会影响点餐员的工作，同时保证了配餐员的高效走动。

3. 减少顾客在收银台的停留时间。这便是麦当劳和肯德基把点餐流和等餐流分开（设置双点式柜台）的原因。人们在等餐的时候不会影响到后面的点餐人，由此节约了数个顾客“等餐的时间”。积少成多，便会产生更高的服务效率。

餐饮行业如今正在爆发“效率”革命，如何高效利用你手中的资源决定着餐厅的生死存亡。需要注意的是，尽管餐厅的定位和类型决定了动线设计的不同，需要根据餐厅特点进行最合适的动线规划，但不变的是，每个餐厅都需要通过对动线的合理规划来提高工作效率、提升顾客体验，从而有效提升餐厅的流水和利润。

打造光影和谐的用餐空间

自从人类解开了电的奥秘以来，灯光便成了人们生活中的一个重要组成部分。灯光对人们的味觉、心理有潜移默化的影响，合理地配置灯光系统，能够充分调动人们的审美心理，从而达到饮食之美与环境之美的和谐统一。

从餐厅的经营者和设计师的角度来说，灯光的重要性日益凸显，有些知名餐厅甚至将灯光作为主要的设计元素，在进行空间设计时完全以灯光为核心。灯光如果得到了合理使用，能够使整家餐厅得到升华，不仅可以为餐厅营造良好的氛围，还可以突出餐厅的特色。在进行餐厅灯光设计时，不能单纯追求艺术性或者功能性，而应将二者进行完美的结合。

水能载舟，亦能覆舟。如果灯光设计得不合理，那么有可能暴露餐厅的缺陷，破坏顾客的用餐美感，这就要求餐厅的经营者加强与设计师的联系沟通。虽然在通常情况下，灯光总是装修的最后环节，但沟通和设计需要在施工之前介入，这样才能实现真正理想的装修效果。

在灯光设计的过程中，以下几个位置需要重点关注。

入口处

一般情况下，餐厅的入口辨识度较高，是顾客进入餐厅前就会注意到的地方。可以说，它直接决定顾客对餐厅的第一印象。因此，做好餐厅入口处的灯光设计是非常重要的一项工作。在进行设计时，应该注意将其和周边环境进行明显区分。这种区分可以通过不同的方法实现：照度区分——比周围更亮或者更暗；色温区分——比周围更暖或更冷……它们的目的都是一样的，即通过显著的标识来吸引顾客（见图 4–2）。

图 4–2　入口处的重点照明

就餐空间

想要让桌面上的菜看起来更加诱人，显色指数（CRI，简称显指）格外重要，也就是对色彩的还原程度。我们可以通过小角度光束照明（手电筒乃至射灯的灯光是小角度的典型代表）的方法来增加空间的戏剧感效果，但需要注意的是，这种方式容易使桌边人看上去像一张张黑脸，同时过于强调明暗对比很容易让顾客产生视觉疲劳。解决这一问题就要依靠基础照明，也就是餐桌之外大环境的布光，有以下三种基本方法。

1. 加大光源角度。如果将射灯射出来的那一束光扩散开来，覆盖的面积自然就会更大，明暗对比度也会被调低。

2. 使用灯带。可以将灯带埋藏在墙角、天花板边沿等较为隐蔽的地方，由其在墙面上形成二次反射，从而给顾客营造一种更加柔和舒服的就餐氛围。

3. 增加其他基础照度。比如在餐厅的墙边放一个大型的摆件装饰，为其布置重点照明的射灯。这个照明不直接面对人眼，它在墙面的反射光却可以有效地提高空间的整体亮度。

洗手间

洗手间的照明设计一般要遵循国家标准的安全照度，洗手盆一定要通透明亮，建议安装镜前灯，让顾客在洗漱台前被照得更亮，更便于其整理仪容。

卡座和包厢

卡座和包厢的核心要求是私密性，要想凸显这一点可以将光源往下压，拉近灯与桌子的距离，或者挡住灯的背面。这样一来，空间上方的黑色和桌面周围的光亮会形成更鲜明的对比，让光线在人和桌的周围划出一道界限。

窗边座位

对于餐厅来说，窗边座位是顶级的橱窗广告位，也是最容易被忽略的地方。对于这个空间来说，追求的重点不再是亮度，而是美感和通透。可以用轨道灯照射窗边的一排桌子，让空间显得更加柔和温暖。也可以调暗玻璃幕墙边的座位，从远处看能产生充满艺术性的剪影感。这样一来，在餐厅外边的潜在顾客会自然地将目光移动到照度更加明亮的室内，刺激其用餐欲望（见图 4–3）。

图 4–3 窗边座位的照明

灯光设计看似简单，但在真正实施时你会发现其中蕴含着很大的学问。如果应用不当，不但不能营造出理想的效果，还极有可能带来负面影响，给人一种杂乱、不舒服的感觉。餐厅在进行灯光设计时，除了以上几个空间需要重点关注外，还要注意以下三个问题。

1. 杂色问题。和墙纸、地板一样，照明的颜色也多种多样，虽然不如涂料那般明显，但它也极大地影响了人的视觉体验。因此除了有特别设计的情况，餐厅在设计灯光时并不建议掺杂各种冷暖不同的光源，这会让空间显得十分凌乱。

2. 眩光问题。顾名思义，眩光就是让你感觉刺眼的强光。在保证照度的情况下，是否会产生眩光要靠灯具来控制。比如，如果灯在灯具里藏得更深，有遮光角帮忙“缓冲”，出来的光线就不会那么刺眼。但是，这样一来灯具的照射角度就会受到影响，这就需要灯具中的光学元件来帮忙了。通常情况下，优质的灯眩光值较低，同时能保证显指。因此，在灯具的选择上不可重价不重质。

3. LED（发光二极管）的使用问题。低耗电量、不发热的LED确实拯救了不少空间用光，但它并不是一个万全的选择。因为LED天生缺失红色，但菜品需要用暖色来突出，所以LED的过多使用容易造成铁青、暗淡的效果。而且大功率的LED没有想象中那么节能，在一些空间较大的餐厅里，LED并不一定能够满足照明需求。

灯光为餐厅的就餐视觉带来了细节质感和冷暖温度，是灯光让空间的色彩和质地有了新的定义，因此做好灯光的设计和应用工作也是餐厅经营者的一门必修课。

工业材质的选择与应用

随着餐饮品牌日益重视打造内部空间，餐厅对装修材质的追求也逐渐升级，不少原本工业、户外用的材料现在都出现在大众消费场所中。在风格上，它们属于时下流行的“工业”风，而在实用方面又普遍具有易于打理、抗磨防火的特点，已渐成潮流。下面，我们就一起来认识其中比较常见的几种材质。

工业砖

工业砖曾经被用作车库的地砖，结实、抗磨、防火，性价比高（见图 4–4）。

图 4–4　工业砖地面

水泥

现在，已经有不少餐厅都开始在内部装修时选择暴露天花板。需要注意的是，在暴露式用法中，水泥需要添加其他固化剂，同时纯水泥的含量需要更高，所以没有听上去那么便宜。如果加上喷料，一并算下来，成本并不一定比石膏天花板低多少（见图 4–5）。

图 4–5　硬化水泥效果

瓷砖

瓷砖多被认为与建筑有关，其特有的防霉、抗菌特性，使得瓷砖可以应用于食品环境中。如果瓷砖的选用得法，甚至可以打通建材和餐具的壁垒，比如有些餐厅会将瓷砖裁成小尺寸，底部垫上木头，巧妙地转变为一种特殊餐具（见图 4–6）。

图 4–6　瓷砖成为餐具

每种材质都具有各自的优点和缺点，除了在选用过程中要加倍小心外，我们还要熟悉一些材质的使用技巧，避免因使用不当造成不必要的麻烦。

1. 软硬结合。工业材质的使用，容易让人觉得餐厅硬气、冰冷。如果餐厅的人流量较大，这样的空间会让人感觉更加吵闹，需要很多软性材质在视觉上实现平衡，在听觉上起到吸音效果，例如，绿植墙、欧松板和各类织物。

2. 减少缝隙。在餐饮空间中，缝隙是极难清理的部分，容易堆积油污，拼缝太多也会提高装修工程的难度。但为了视觉平衡与空间的节奏感，我们可以在其中夹杂小部分的细碎质感，比如设计师 Kun 在北京阿旺厨房的设计中，用大面积的灰色调搭配了厨房区域的小块红色瓷砖，以此作为平衡。

3. 增强真实感。实木材质经典自然，一直以来颇受餐厅设计者青睐，但是从实用角度来说，却不如工业材质经久耐用。仿木纹的出现，完美地解决了这一难题。以瓷砖为例，仿木纹瓷砖远比实木材质更为耐磨防火，也比瓷砖看上去更为温暖舒适，成为许多餐厅在内部装修时的首选。其使用的关键就在于打乱花色，让它们看起来更加真实自然（见图 4–7）。

4. 保养比购买更重要。和汽车一样，建材在购买之后也需要经常进行妥善的保养维护，以延长它的使用寿命，然而意识到这一点的餐厅经营者并不多。是否用合乎要求的转数来清理织物表面，是否使用合适的清洁剂和清洁方式来清洗桌面、墙面，都与建材的折旧率息息相关。这就需要餐厅经营者深化这方面的认识，做好建材的养护工作。

图 4–7　仿木纹瓷砖

对于餐厅经营者来说，触感是餐饮体验中极难察觉和把握的一种感觉。这种感觉可能并不是直接来自肢体接触，顾客目光所到之处都能影响他们对餐厅的判断。和具有入侵性的色、香、味相比，餐厅室内设计选用的材质带来的综合体验，能对顾客产生潜移默化的影响。许多工业材质凭借其本身的特殊属性开始在餐厅装修中占据越来越重要的位置，如应用得当，既实用，又美观，能够为餐厅的基础调性和顾客的细节体验带来令人惊喜的效果，达到“润物细无声”的效果。

用色彩营造幻想味觉

不同的色彩能够给大脑带来不同的刺激，也相应地会带来各式各样的心理反应和情绪状态。正如红色让人感觉更加激烈和热情，蓝色让人感觉更加舒缓和冷静，这意味着色彩也有性格，能传递不同的情感信息。

色彩包含的这些信息和引起的情绪反应，会直接影响顾客的选择和判断。在寒冷的冬夜，人们通常更愿意选择一家以红色为主打色的火锅店，而不是搭配冷色调装潢的饮品店。

影响顾客食欲

要知道，色彩的应用会直接影响顾客的食欲。通常情况下，餐饮界都倾向于选择红色、黄色、橙色等较为温暖且热烈的暖色系颜色。因为在餐厅中，温暖的颜色更能让顾客增进食欲。与之相反，蓝色、黑色、紫色等冷色系颜色会让顾客更加冷静地控制食欲。

影响顾客的进餐速度

快餐店往往喜欢用红色、橙色，这些颜色能使人感到愉悦和兴奋，也会使人感觉时间漫长。因此，快餐店并不是一个等人的好去处，这里只会让人感觉越来越烦躁。当然，这对快餐店的经营者而言无疑是一件好事，这样的颜色能明显提高顾客的进餐速度和翻台率。

影响顾客对餐厅类型的判断

顾客往往会从餐厅的主题色判断餐厅类型，例如，看到正红色就会联想到中式菜肴或川菜，而明快的色彩组合则往往会给人以快餐店的感觉。如今不少餐厅提倡健康、有机等概念，如果这种类型的沙拉店、轻食店选用了厚重、激烈而杂乱的颜色，则会带来相反的效果。想象一下，如果一家有着快餐店红、黄配色的餐厅，却向顾客推销纤体减肥餐，只怕会让不少人反感。

餐厅的品牌定位

为了吸引年轻的受众，很多大众餐饮品牌的主题色会配合装潢，呈现出更加活跃和强烈的视觉效果。对于高端定位和以商务人士为主要受众的餐厅与咖啡店来说，选色上则应相对沉稳和优雅，比如以绿色和棕色为主打色的星巴克。

毋庸置疑，颜色对一家餐厅有非常重要的影响，那么餐厅应该如何选择适合自己的颜色呢？

红色

红色给人的第一印象是大胆、热情、积极、强烈、动感，富有进攻性，能够让顾客提高心率和食欲。对于快餐型餐饮店来说，冲动且热烈的红色无疑是绝佳选择，比如麦当劳、肯德基和真功夫。对于经营火锅、辛辣口味的餐厅来说，红色也能让顾客获得更好的就餐体验。很多倡导中国风的餐厅，大多会以较为深沉的红色作为主题色。

橙色

橙色通常会给人以阳光、有趣、友好、欢乐、实惠的感觉，富有热带气息，能够让人备受鼓舞、精神活跃且拥有更强的创造力。对于果汁品牌来说，新鲜阳光的橙色再合适不过。在中式快餐领域，以橙色为主打色的吉野家不仅抢眼，也让人感受到快捷和实惠。

黄色

黄色给人的第一印象是年轻、新鲜、富于创意，具有极高的辨识度，比其他颜色更能吸引顾客的眼球，有利于促进品牌与顾客之间的交流。需要注意的是，黄色过于独立，容易让人不适，往往需要一些配色的衬托。比如麦当劳的黄色 M 形标识在红色的衬托下显得更加抢眼，而香港的元气寿司和大家乐则以黄色为年轻主打色出现在了大街小巷。

绿色

绿色象征新生和成长，能够让人平心静气、充满希望。绿色与健康概念的联系颇为紧密，是自然、环境、有机等主题的代表色，容易让顾客产生信任感和稳定感，让进餐环境更加轻松、无压力。星巴克就是使用绿色为主题色的典型代表，极易给高端商务人士留下稳定和平静的印象。

蓝色

蓝色象征着自由，给人一种稳重、诚信、安全、无攻击性的印象，容易让人冷静，产生距离感和信赖感。如果餐厅以蓝色为主打色调，则易让顾客克制食欲。作为在商务楼附近常看到的面包坊，巴黎贝甜之所以选择蓝色为主色调，就是因为其能带给顾客信任感和安全感。

紫色

紫色往往意味着神秘、智慧、独特、精英和浪漫，能够让人更加具有想象力，使餐厅看起来更具魅力。紫色因其代表智慧和精英，故为不少香港茶餐厅所青睐，如太兴和翠华餐厅。但紫色并不是常见的餐饮主打色，它蕴藏的神秘感与魅惑感令其适用于鑫泰、塔可钟这类泰国和墨西哥餐厅。

棕色

棕色能够给人可信赖、保守、朴实、稳重、简单的第一印象，并不属于那种抢眼而让人印象深刻的颜色，更多地适用于和谷物、大地相关的餐厅，如多乐之日等面包店和咖啡店。棕色是星巴克很久之前的选择，现在已被绿色替代。如今，棕色更多地以一种餐厅不可或缺的配色存在。

黑色

大多数情况下，黑色都会给人一种经典、奢华、昂贵、优雅、严肃、现代的感觉。为了显得更有质感，有些餐厅刻意选择黑色为其主打色，用整体设计来展现餐厅的形象。黑色和棕色的相似之处在于，它们都是配色的绝佳选择。

尽管不少餐厅都喜欢选择单一的主题色，但也有很多餐厅更偏向于选择多种不同颜色的搭配组合。在配色方案上我们应该注意，同类色彩的搭配能让颜色更加协调，协同带出主色调带来的感受，而对比强烈的搭配能让颜色更加突出和跳跃，令餐厅更加抢眼、吸引人。因此，餐厅应该根据自己的实际情况进行颜色的搭配组合，注意以下两点。

配色不宜过多

选用两三种颜色的搭配即可，如果餐厅选择的颜色组合过多，容易产生杂乱感，让顾客心生困惑。

60 ：30 ：10 的黄金比例

60 ：30 ：10 是平面和空间设计中的黄金比例，运用到餐厅的色彩搭配中便是 60% 的主色彩、30% 的次要色彩、10% 的辅助色彩。

与形状相比，色彩更容易营造一种强烈的视觉效果，从而对顾客的心理和情绪造成一定影响，直接决定了餐厅的环境气氛和顾客的用餐感受。对于餐厅的经营者而言，如能学习和掌握一些基本的色彩规律和搭配窍门，并将其合理地运用于餐厅的装修之中，能够增强餐厅的吸引力，提升顾客黏度。

绿植墙：让你的餐厅“活”起来

“活墙”是英语世界里对绿植墙最好的解释，它不是无聊的常青墙面，而是天然包含着自然界微妙变化的动态景观。早在 2011 年，芝加哥机场的 T3 航站楼就已经建造了绿植墙，为机场餐厅提供部分食材。2015 年，在米兰举行的世博会上，美国馆的外墙就是用 46 种可食用的植被做成的垂直农场，外立面能够跟随阳光随时调整角度。诚品书店的台中绿园道分店，其绿植墙也已经成为旅游景点。

绿植墙的影响力正在往室内辐射，它天然就和餐厅的场景相配。因为其本身的“活性”，绿植墙为现代餐饮空间增添了更多的自然景色。与传统墙面相比，餐厅使用绿植墙的好处有很多，列举如下。

净化空气

绿植墙在去除建筑气味和毒素，净化空气方面有天然的优势。在空气质量每况愈下的大城市中，要想拥有一个洁净的就餐空间，除了在餐厅内摆放空气净化器之外，还可以通过绿植墙作为辅助手段加以实现。

美化身心

绿植墙是工业风的天然搭配，可以柔化金属感环境带来的“冷感”。植物本身具备的隔音效果，也可以让就餐空间更加舒适。有研究表明，在室内空间引入自然景观，可以提升员工的工作满意度，它对于顾客来说也有相似的积极效果。

可作为食材

一些餐厅可以使用绿植墙作为食材来源，当然，这需要更严谨的设计以及灭虫、养护等方面的维护。国外已有不少餐厅通过在天台、墙面等区域种植绿植实现了部分食材的自给自足。它不仅有实际操作的可能性，也是餐厅品牌的环保宣言。

节约空间

由于房租不断上涨，小型餐厅和单店越来越多，绿植墙可以最大程度地节约室内空间，增加座位面积。

总而言之，凭借其本身的固有特性，绿植墙已经成为许多餐厅在装修过程中非常重要的一个选项。在北京、上海、深圳等大城市，已有专业公司为餐厅的室内空间提供绿植墙，这让餐厅的经营者在绿植墙的前期购买与布置上更加轻松。

目前，国内餐厅对于绿植墙的需求，主要还是希望布置得较为密集，安装时即是成品的状态。在国外，已经有不少餐厅的绿植墙特地“留白”，或者加入木头等装饰，让使用过程中植物的生长更加明显、自然感更强。还有一些餐厅受到日式园林的启发，开始尝试在室内安装苔藓墙，呈现出多样化发展的趋势。

绿植墙的尺寸可大可小，对于区位也没有过多的要求，餐厅可以在开始设计装修时和绿植墙提供方配合施工，也可以在装修完成之后，再引入绿植墙（这需要额外的施工）。当然，仅购买是不行的，鉴于绿植墙本身的特殊性，打造绿植墙最重要的一件事情就是要让其成功地活下去。

目前，室内的绿植墙主要分为两个种类：垂直农场式和挂毯式（见图 4–8）。前者的植株更倾向于垂直摆放，把植被分层从上到下叠加。后者则更像一张粘在墙上的挂毯，植被像以水平的角度从墙上向外生长。无论何种，要想养活它们必须满足四大条件：水、光、空气和温度。

图 4–8　垂直农场式和挂毯式绿植墙

水

对于绿植墙而言，一套运转良好的水循环系统至关重要。在餐厅效率优先的环境中，水循环系统可以通过瀑布式的浇灌和底部的储水槽来完成自动化运转。该系统可以为绿植墙提供无土环境，这对于保持餐厅的洁净颇有益处。

挂毯式绿植墙在安装时根部会带有一些泥土，随着每日几次的循环冲刷，泥土中的营养逐渐进入水槽，或可以直接在水槽中添加营养液，让其进入无土环境。垂直农场式的绿植墙同样需要这样的系统，如果舍弃不了土壤环境，做好滴漏和循环系统就显得尤为重要。

光

一般而言，餐厅的室内空间不足以提供植物光合作用所需要的光照，所以绿植墙需要灯光的照顾。目前国内餐厅主要使用的是金属射灯，它的热量较大，光线覆盖比较全面，460~720 波段的光线就可以满足植物生长的光照需求。

空气和温度

流通的空气是绿植墙存活的一个重要前提，餐厅可以通过门窗带来的自然风或者专业的新风系统加以实现。在温度方面，植物的耐受度比人体更高，人类感觉舒适的室内温度对于一般植物而言都没有问题。正常来说，室内温度保持在 12 摄氏度以上即可，18 摄氏度则是非常适宜绿植墙生长的温度。

在成功地让绿植墙存活之后，餐厅接下来需要面对的问题就是后期的保养和维护工作。

防蚊虫

如果是挂毯式绿植墙，需要在循环水中添加有杀虫效果的产品，以防在室内吸引蚊虫。对于垂直农场式的绿植墙而言，因为绿植本身更容易招惹蚊虫，而且生长环境可能需要更多的土壤，所以需要安装防蚊灯等，必要时也可以搭配防蚊虫的其他植物。

养护

绿植大多娇嫩，需要餐厅不定时地养护，比如调整植株的位置、剪掉多余的枝叶等。这是选择绿植墙之后不可避免的持续性支出，再加上挂毯式绿植墙每平方米几千元的价格（垂直农场式在每平方米 1000 多元），对餐厅的经营者来说确实是一笔不小的开支，这一点在选择种植绿植墙时就应考虑周全。

背景音乐：不可或缺的“声音标识”

餐厅的背景音乐具备这样一种属性：开了你不一定会注意，关了又会觉得少了点什么。有人说，背景音乐就是选择一个好歌单，但事情真的这么简单吗？

从定义上来说，背景音乐就是音乐服务提供商从曲库中选择出的较长音轨，而它可以间接地指向品牌记忆。背景音乐可以是餐厅广告中的一句口号、一段旋律，甚至是一段音乐，由于长期使用和重复曝光，极具辨识度，能够让顾客对品牌产生直接联想。比如 7–11 便利店中的音乐，虽然曲库十分有限，而且消费过程很短，但高消费频次带来的高重复性，也能让其中的某一段旋律成为顾客的深刻记忆。

毫无疑问，背景音乐的适当应用对于餐厅而言有非常重要的意义，具体体现在以下三个方面。

品牌形象的延伸

通常情况下，背景音乐并不直接反映品牌的核心价值，而是从意境上为其勾勒出背景，通过听觉感受加深顾客对于品牌的认知。

影响顾客的消费行为

节奏较快、音量较大的音乐可以提高人们的消费速度，这也是快餐店总是听上去非常热闹的奥秘所在。

强化味觉体验

高音能加强甜味感受，低音让人觉得嘴里更苦，嘈杂的声音环境会压抑人们对咸味和甜味的感受……曾经的世界第一餐厅 Fat Duck 的主厨赫斯顿 · 布鲁门撒尔（Heston Blumenthal）会在为顾客奉上一道海鲜菜式时为其配上 iPod，让顾客可以边听海浪的声音边吃海鲜，这种做法据说可以令菜品“鲜上加鲜”。

由上可知，背景音乐的应用对餐厅有深远的影响，因此学会选择和应用适当的背景音乐就成为餐厅经营者无法回避的话题。

背景音乐最关键的一个特质就是平稳，而商业空间使用的背景音乐通常以纯音乐为主，避免有过多且具体的人声。现成歌曲的歌单往往会有前奏、主歌、副歌等段落，而这些段落在音色、编曲上存在较大的差别。试想一下，在餐厅这样一个略微嘈杂的环境中，不时传来断断续续的人声或者配乐声，却又听不出完整的旋律，无疑会成为恼人的噪声。

需要注意的是，餐厅的背景音乐选择和应用都需要因时因店而异，不同的餐厅类型甚至在不同的时间段，餐厅播放的背景音乐都存在一定的差异。

以大董烤鸭为例，环境音乐服务商和媒体分类音乐库服务商为大董烤鸭在一天的不同时段、一周的不同日子（工作日相对舒缓，周末更加放松、热烈）设计了不同的音乐。

在大董烤鸭就餐，你会发现上客时段的背景音乐的音量更高，气氛更为欢快；就餐时段则会调低背景音乐的音量，把声音空间留给客人；午间的背景音乐更为活泼，而晚间则相对新潮、放松。尽管这些音乐风格不尽相同，但它们都有一个核心主题，和大董的意境菜、中西结合的菜式呼应，将电子、爵士和中国本土的乐器、民乐旋律相互融合。

在背景音乐的具体应用过程中，餐厅员工除了按下播放和暂停键以外，还需时刻注意现场的音量问题，尤其当餐厅空间并不太大的时候，顾客对于背景音乐的音量会更加敏感。除了顾客主动反馈的情况之外，在前厅各处移动的餐厅员工也需要对忙时、闲时的噪声情况做出及时判断，对音量进行相应的细微调整。

音乐是心底流淌的情感，也是店铺形象输出的一部分，对于背景音乐的制作和挑选，是一件相对复杂的工作，绝对不能简单、随意地根据个人感觉去寻找，这一点还需餐厅经营者牢记。

案例

凑凑火锅 · 茶憩装修的神来之笔

凑凑是呷哺呷哺集团旗下的高端品牌，提起凑凑，通常人们更习惯于关注它的品牌定位和产品升级，探讨其关于茶饮的新玩法。对其关于餐厅环境的设计，却很少有人注意，而这恰恰是凑凑非常值得餐饮行业经营者借鉴学习的一点：如何将品牌战略完整地融入每一个设计细节。在这方面，凑凑的一些独特的经验，对于连锁餐饮，尤其商场餐饮，也许是意外的灵感。

用装修建造壁垒

凑凑的几个门店，装修并不完全雷同，但你不太会细数它们的区别。往往当你走到大门口的时候，就会知道这就是凑凑。

一个现代设计的大“池塘”，搭配日式或中式的造景（见图 4–9），有假山和盆景点缀，水流不停地制造出哗哗的响声。占地 700~800 平方米的店面，有 100 平方米留给了这样的纯造景，就是这么任性“浪费”。

这种巨大的“浪费”，有品牌打造的考量——它是凑凑的一个重要的视觉记忆点，因为在商场餐饮里，人们很难看到这样的景色。更重要的是，这也是凑凑的战略考量——它是对手难以模仿的壁垒，别人可以做类似口味的火锅，别人也可以在各大商场占领优势位置，但别人不一定舍得拿出这么一大片空间做景观。

图 4–9　凑凑的 T 台式造景

用灯光制造空间上的隔断感

虽然价格提高了，但凑凑的座位拥挤度，并没有比它的“长辈”呷哺呷哺宽松多少。在这样的空间里，需要烘托朋友聚会的亲密感，又要有一定的品质感。在这样的情况下，餐厅灯光的设计就显得尤为重要。

灯光的合理使用对于餐厅气氛的烘托有极为重要的作用，在凑凑深色系的店铺里，灯光的设计更成为重中之重。细心观察后不难发现，在凑凑，几乎每个餐桌的上方都有一盏专门设计的吊灯（见图 4–10）。这样的设计是别具匠心的：桌上方的灯光将焦点打在了锅上。这个焦点既针对顾客的视觉，也针对顾客的心理，明亮的灯光和周围的黑暗形成强烈的反差，以此在空间上为顾客创造出一种虚拟的“隔断感”。

图 4–10 凑凑的灯光实景

使用各种材质的隔断

同时，为了更好地提高用餐品质，尽管凑凑的座位密集，但设计师还是尽量保证凑凑的每一张餐桌至少有一面靠墙。因为在这样的桌间距下，四围打通很容易造成一种“大排档”气质。同时，隔断墙的应用还可以有效地为顾客建立隐私空间，更好地烘托出朋友聚会的亲密感。

实体墙的过度使用，又容易让空间显得逼仄压抑，为了解决这一问题，凑凑选择在隔断的材质上着手。凑凑餐桌靠墙的材质可以说五花八门、各式各样。

有透明性的材质，例如，宣纸、纱帘、镂空门板等（见图 4–11）。

图 4–11　湊湊内部的透明材质

有的应用了中式的多宝阁或器物，错落分布，没有围墙感（见图 4–12）。

图 4–12　湊湊的内景

还有的则直接应用了植物，而且是比较稀疏的那种（见图 4–13）。

图 4–13 湊湊的绿植设计

总之，为了达到良好的应用效果，湊湊在隔断墙材质的选择上煞费苦心，而这样带来的效果十分明显：各式各样隔断墙的应用在有效提高湊湊用餐档次的同时，也不至于使其空间看起来过于拥挤和压抑，营造出一种舒适的用餐氛围。

动线打造以顾客体验为主旨

值得一提的是，尽管空间有限，但是设计师依然为湊湊规划了一条较为清晰的动线：按照功能，将湊湊分为茶饮和正餐空间两部分。其中，茶饮窗口是“突击队”（见图 4–14），正餐空间是“大后方”，两者相互配合，创造了更加灵活的功能空间，也更好地提高了顾客体验。

占总营业额 20% 的茶饮，是湊湊利润的重要来源，也是湊湊与其他火锅店区别开来的独特定位。因此，湊湊店铺的一部分直接是兼具加工和外卖功能的茶饮窗口，装修风格不会脱离店铺的整体效果：木 + 砖 + 金属，却直接面向走廊，“捕获”途经和等位的潜在客人。

图 4–14 凑凑的茶饮窗口

事实上，这两个空间并非完全割裂，除了正餐菜单上的饮品和饮品区的产品重合，凑凑的内部服务还奉行“奉茶文化”。进店的任何人，即使干坐着不点菜，服务员也会为其提供一杯热茶，这让正餐空间和茶饮窗口之间的区隔进一步消弭，这是服务流程和空间功能设计的配合。

此外，将购物中心作为唯一“战区”的凑凑，为了能够成功在这个“商铺密集型”的地方突围，让餐厅更加开放，还采用了打掉围墙的做法。所以，在凑凑的门店，人们会看到茶饮区直接面对过道，过道上往往还会摆着椅子，路过的人可以随便喝茶。沿过道的一圈也没有围墙（见图 4–15），坐在这些区域的食客可以体验“独自莫凭栏”的意境。

图 4–15 凑凑的开放式门店

凑凑的 CEO 张振纬希望商场的顾客“一不小心就走到店里”，消费行为更加自然，而非千挑万选下定决心之后，到美食层完成自己的“工作任务”。这也是在接下来的招商过程中，同时经营休闲茶饮和火锅正餐的凑凑，希望自己能够前往商场一层、二层开店，在商场分区里占据核心位置的原因所在。

商场餐饮少见的巨大造景，是凑凑在设计上建立品牌壁垒的一着险棋。有品质感但不烦琐的现代中式设计与凑凑带有台湾地区元素的火锅风格相呼应。在高级餐饮中常被用到的深色调，被用来装点呷哺呷哺集团品牌升级的宣言。四人桌为主的设置和聚焦在桌面、容易吸引注意力的光线，强调了“凑”的聚会元素。开放的无围墙设计，又让凑凑和商场顾客的关系更近了一步……如何让设计完整地体现餐厅的品牌定位、核心客群和功能定位，不仅需要满足某个大品类的场景需求，更要符合品牌自身独特的细分需求。在这一点上，凑凑没有凑合。

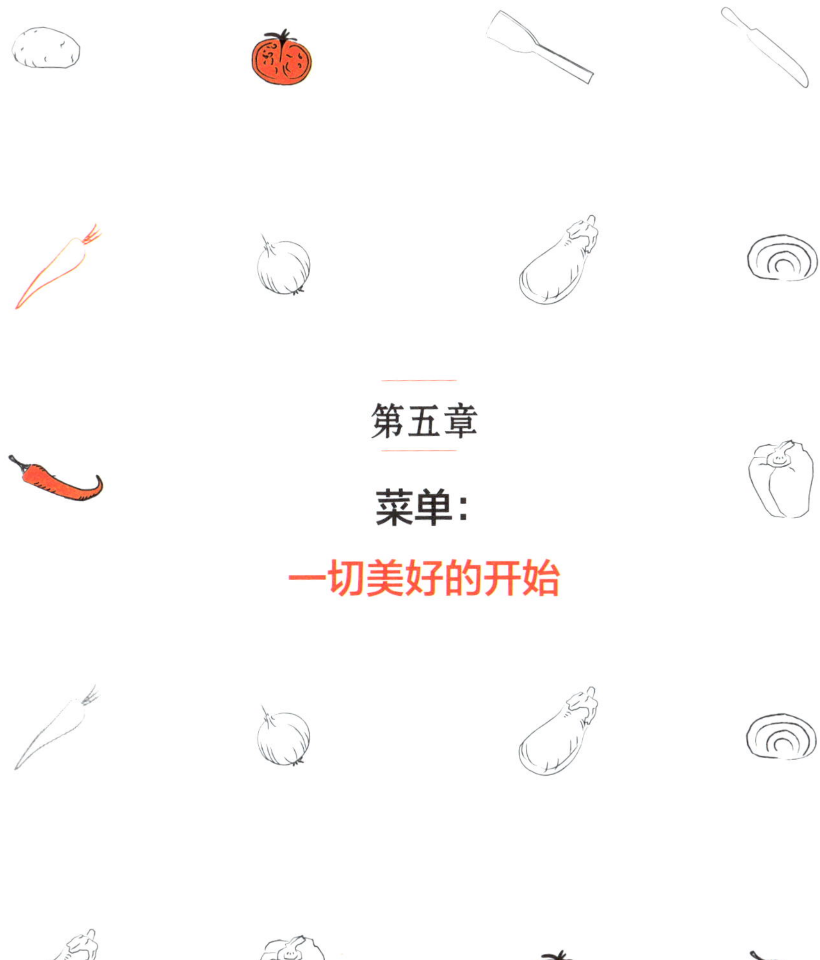

第五章

菜单：一切美好的开始

菜单更像是一个精美的艺术品而非消耗品，它与豪华的装修或者强有力的厨师团队在本质上并无差别。一份真正意义上的好菜单，不仅能为餐厅带来可观的经济效益，还是餐厅与顾客之间实现良性互动的桥梁，可以有效减少服务员与顾客之间的沟通成本，大大提升翻台率，让顾客在进店后的第一时间感受到餐厅品牌的魅力。

菜品的选择与更迭

菜品是一家餐厅的灵魂所在，也是顾客真正关注的重点。餐厅在制作菜单时，应将菜品的选定视为第一个环节也是最为重要的环节。没有好的菜品作为支撑，营销方案即便做得再出色，餐厅也很难留住顾客的心。下面让我们简单地了解一下餐厅在选定菜品时应当注意的一些小技巧。

做减法：精简菜品数量

餐厅的菜品越多，顾客在点菜时的难度就越大，用餐时间就越长，翻台率和体验感都会直线下降。如此一来，顾客便很难记住这家餐厅，二次消费的可能性会大幅下降。从餐厅的角度分析，菜品的数量繁多，会直接导致产品线过于复杂，无形中增加了各部门监督、培训、检查等工作的时间成本，大大降低利润率，导致餐厅的经营状况恶化，进而形成恶性循环。

“专业的人做专业的事儿”，如果餐厅将自己最擅长的核心菜品做深做透，再在菜单中适当搭配其他周边菜品，可能会产生意想不到的效果。这一点在餐饮文化高度发达的日本表现得极为明显，比如拉面专门店、寿司专门店、米饭专门店……几乎 80% 的日本餐馆走的都是单品路线，且日本餐厅的菜单多以单页形式展现，菜品种类并不繁复。

近几年，这种形式在中国逐渐活跃——巴奴火锅 2.0 版菜单的菜品数量只占 1.0 版本菜品数量的 40%；望湘园在两年间将菜单上 120 多道菜压缩到了 69 道；杨记兴臭鳜鱼连续进行了四次“菜单革命”，将原本 200 多道菜品压缩到了 39 道；和合谷最精简时仅保留了 6 款经典产品，并且每月推出 1 款创新口味。

精简菜品的数量能让餐厅将不方便标准化、不方便保存、不方便对接供应链的产品剔除，减轻了产品线和厨房的负担（采购、物流、存储、备料、人工等成本），提升上菜速度。同时，也能让食材更新鲜，菜品品质的稳定性更强，顾客点餐目的更明确，体验感变强。这种转变，在表面上看是菜品数量的缩减，背后则是产品结构的调整，必须做到菜单表现形式与产品线的一致。

形式感：合理搭配轻重菜品

所谓轻重搭配合理，就是指以一周中的不同日期、一天中的不同时段来对菜品进行不同的种类搭配，并将“轻食 + 重食”的形式进行多样化组合。这种菜单的搭配方式对菜品的要求很高，在可操作程度上，中餐不如西餐，正餐不如快餐，快餐不如休闲餐。具体做法可以参照轻食简餐品牌沃歌斯（Wagas）。

> 沃歌斯在周一到周五的工作日期间，上午 11 点之前提供早餐，中午提供 4 款售价 58 元的便捷午餐套餐，在下午和傍晚则提供几十款鲜榨果汁、咖啡、茶饮和蛋糕甜点。到了周末，沃歌斯会在上午 8 点到下午 5 点为顾客提供早午餐（brunch）。

沃歌斯根据顾客实际需求的变化，在不同时段推出不同的菜品组合，满足了顾客即时性的餐饮需求，由此极大地增加了顾客到店消费的可能性。

迭代性：菜品如何更新换代

菜品的更迭对于餐厅来说是一个永恒的难题。即使品牌有了清晰的定位，对菜品的准确把握也不是一件容易的事情。有时候，精心打造的爆款菜品反而卖不好，有时候末位销量的菜品在被餐厅淘汰后，又会有很多顾客问询。

对于餐厅而言，顾客的喜好才是所有菜品的灵感来源。即便你无法倾听每位顾客的反馈，也可以通过以下几个方法从顾客的感受与视角出发，评判每道菜品的价值，从而信心十足地进行菜品调整。

1. ABC 法则。从菜品销量和销售额两个维度将菜品划分成 ABC 三个等级，餐厅的经营者需要综合考量权衡 C 级菜品是否有被淘汰的必要以及爆款菜品如何保持竞争力。

（1）菜品销量。对于餐饮品牌来讲，一般有 10%~20% 的菜品会成为爆款，将其归类为 A 级。这样的菜品占比不高，却是几乎每桌顾客必点的招牌菜。对于 A 级菜品，餐厅经营者应当巩固其“优势”，让爆款菜品的口味更精致、稳定性更高，同时找到其所需原材料最稳定的供应商。

常规菜品也可以称为 B 级菜品，通常会占据总菜品的 60%~80%。这类菜品的作用是为顾客提供更多的选择，或者这类菜品受到某一小类群体的喜爱，没有体现集中爱好。

剩下的则应归于 C 级菜品，它们是菜品更新迭代时的首选。C

级菜品的销量不佳从一定程度上反映了顾客的偏好，但也有可能是菜单设置或者出品不稳定等原因造成的结果。无论如何，销售数据决定了这类菜品最终应被淘汰。

（2）菜品销售额（贡献率）。每道菜品对于销售额的贡献率也是考量菜品价值的核心维度之一。虽然划分 ABC 级的方法和上个维度相同，但是考量标准的不同可能会使菜品梯队阵容发生很大的变化。举个例子，有些销量处于 B 级的菜品，因其单价较高，对餐厅销售额的贡献较大，会成为销售额维度中的 A 级。

另外，餐厅的经营者在考虑菜品迭代的时候，一定要注意综合权衡两个维度中的 C 级菜品，将顾客对于菜品的喜好纳入决策依据。

2. 复购率。和菜品销量一样，菜品的复购率也是顾客偏好的体现，需要把握以下两个核心数据。

（1）单个菜品的复购率。举个例子，假如餐厅在一定时间区间内有 100 个顾客光临，其中的 90 个顾客都点了同一道菜品，这就是单个菜品的复购情况。复购率是顾客喜好最直观的反映，复购率高的菜品应被作为餐厅的爆款菜品进行主推，并将此作为制定菜品研发方向的依据。

（2）单个顾客的菜品复购率。该数据体现的是单个顾客在一定的时间区间内对于单个菜品的复购情况。通过它，餐厅可以将顾客贴上不同的类型标签（喜辣、喜素食等），继而在进行菜品推广等营销活动时为不同的顾客制定有针对性的营销内容。

以上提供的只是餐厅在菜品选定方面的一些经验总结和方法策略，具体情况仍需具体分析。需要强调的是，菜品的选定只是万里长征的第一步，只有保证菜品的上佳质量，才能真正赢得顾客的青睐，万万不可只做表面功夫。

起个让全世界记住的好菜名

菜名在很多时候就像一种可以应用到多个场景中的符号。它可以充满仪式感，像“特色黑胡椒安格斯牛脊排配香滑土豆泥”和“榛子黄油焗烤澳大利亚小龙虾”；也可以成为一种调节气氛的工具，一本正经地告诉你它的名字叫作“销量第一”，大家听后哈哈大笑，点名也要来一份；又或者是日常三餐的代名词，比如路旁面馆的那盘“大份拉面”……

掌握好起菜名这项技能，有利于在抓取顾客群体的过程中掌握更多的主动权。独特的菜名不仅能激发更多顾客的认同感，拉近顾客与餐厅之间的距离，还能与竞品形成更明显的差异化，便于二次传播，重要性不言而喻。那么，如何取名才能更好地赢得顾客的青睐，让餐厅从众多竞争对手中脱颖而出呢？不妨借鉴北京“味道”餐厅的做法，遵循“由简至繁”的逻辑，将菜名分为直白、直白中稍带变化和创意菜名三个类别，各占1/3左右。

直白

通常情况下，比较直白的名字主要用于菜单中非主推的产品，比如麻婆豆腐、水煮牛肉、麻辣香锅这类菜品。顾客对其印象早已根深蒂固，如果名字太过花哨，反倒容易拉高顾客的期望值，进而降低对菜品的满意度。

直白中稍带变化

这种起名方法主要分为以下两种。

1. 直接包含主辅料的融合菜、创意菜。此类菜品的制作方法、呈现方式或摆盘本身并不常见，甚至是本店独有，直接将食材放入菜名中会大大降低顾客的理解难度。比如，川式鬼肠十八鳞、杧果三文鱼配饹馇饸、雪茄小馒头配鹅肝酱等。表面上看，这类菜名的字数不少、信息量大，但实际每个菜名都直接包含了主辅料，易于理解。

2. 由“自家餐厅名字 + 主食材”组合而成。这种做法相当于为菜品贴上了推荐标签，甚至可以成为一家餐厅的品牌符号。需要注意的是，“推荐标签”往往对应的是大众认知度高的食物，突出对原有菜式的改良。这类菜名最好控制在菜单总数的 5% 以内，以此来保证招牌推荐的稀缺性。如果这种方式运用过多，则会让人感觉餐厅盲目自信，也会降低顾客的点餐效率。

创意菜名

所谓创意菜名，顾名思义就是所起的菜名带有一定的创新性，给人耳目一新的感觉，具体有以下三种方式。

1. 讨彩头。比如将烤翅命名为“比翼双飞”，给牛油冠上“富得流油”的名头……该形式常见于商务宴请等追求寓意的场合，其中以年夜饭最为典型。每到这天，餐厅里的白灼基围虾就变成了“招财进宝”，狮子头就变成了“红运当头”，清蒸多宝鱼则变成了“年年有余”……想方设法根据主要食材或者摆盘形象跟一些带有吉祥色彩的词语沾边。

不过，由于当下的顾客对食材本身的重视度日益提升，传统菜名的形式感成分也在削弱。比如，大董烤鸭年夜饭菜单里出现了诸如“没包完的饺子”“花开饹饦”“摸金饭”“彼岸花”等全新菜名，这类名字反倒让顾客觉得体面又不俗气，餐厅经营者可以适当借鉴。

2. 套热词。这种菜品的命名方法适用于一些针对年轻人的餐厅，利用网络热词为菜品命名，无疑是餐厅与年轻顾客最畅通的交流方式之一。这种类型的菜名往往具备较强的社交功能，在朋友聚会或男女约会时，都可以成为表达顾客情绪的好帮手。

需要注意的是，这种套热词的命名方法往往伴有一定的“风险”。热词太多容易让顾客觉得餐厅的品位较差，“备注”的工作如不到位就会变成考验顾客智商的门槛，让顾客觉得自己不被餐厅欢迎。

3. 轻松逗趣。运用轻松诙谐的方式，恰当地在菜名中融入时间、温度和烹调手法，可以更加强调食物原本的味道。如果融入电影、电视剧、音乐、童话故事、人物名称等元素，则能凸显食物的文化和意境。比如，“三分钟热度”（三文鱼）、“蒂芙尼的早餐”（牛奶布丁）、“戛纳遇上北海道”（法式焦糖布蕾 + 茉莉花茶香）、“来自湄公河的巴沙鱼”（烤巴沙鱼）……这些名字能让顾客在看到菜名时会心一笑，比单纯描述食物本身更加有趣。

同样的菜品，不同的菜名，会给顾客带来截然不同的感官体验。有趣的菜名会让顾客吃完后产生强烈的满足感，它甚至能成为有力的品牌加分项，让顾客心甘情愿地为其买单。

这种菜品描述的形式，如今也被一些大型连锁餐饮企业（麦当劳、肯德基等）运用到了品牌供应商的描述上，比如它们直观标注出了品牌供应商的名称，这种方式让顾客很自然地将健康、安全、美味和菜品联系到一起，进而获得了顾客的信赖。

需要强调的是，纵使起菜名的方法有千种万种，“调性、场景、节奏”也应是贯穿始终的元素。同时，餐厅还应在决定菜名之前考虑传播路径是否顺畅。该猜的时候，花点心思出谋划策让顾客慢慢猜；不该猜的时候，千万别自作聪明让顾客摸不着头脑。

用拍电影的手法制作菜单

菜单的制作其实跟拍电影并无多大差别，设计师就相当于统筹整个故事主轴线的导演，负责画面美感的摄影师则相当于电影摄像，菜品就是演员，整部剧的信息源主要通过餐厅传递的信息、用户画像、人均消费、装修环境、餐厅档次等渠道来采集。

大多数观众都讨厌白开水般的无聊剧情，因此菜单万万不可简单堆砌。我们可以借鉴一些拍电影的手法，有效刺激顾客的消费欲望。

菜单定调：剧情策划

在讨论一部剧的演员素质和拍摄手法之前，剧情的策划与制作往往更加重要，菜单也是如此。更何况菜单的主题基调直接决定着它的读者是谁，以及他们看到整本菜单的反应。所以菜单的制作首先应该跳出“排版 + 设计”的局限，多花点时间在主题基调的确定上肯定没错。

一本菜单的主题基调是否准确到位，主要由以下三点决定。

1. 餐厅经营者向设计师交代的信息是否准确。餐厅经营者需在制作菜单前与设计师进行全面交流，准确交代各项信息，比如餐厅理念、产品特色，甚至顾客偏好和高、低利润菜等。

2. 设计师本身的观察力、感受力、审美力和表现力是否到位，比如餐厅选址、装修、氛围，以及餐厅档次、口味等特征，都会帮助设计师规划出更接近餐厅本身调性的整体方案。

3. 设计师与摄影师能否完美配合。设计师通常都会在开拍前几天（视实际情况而定）与摄影师进行沟通、磨合并确定拍摄方案，之后根据确定的主色调和风格提前准备拍摄器材、器皿、衬布、背景板与装饰物等道具。

一名专业摄影师往往会让设计师在制作菜单时省去不少麻烦，比如他们会在拍摄时给某些画面设计特定留白，这相当于提前为后期排版设计设置好了网格。又或者他们在给同一品类、相同器皿菜品拍照时直接拍成白底照片，这会让设计师又快又准地将其规整到同一页面给人以秩序感，能避免后期在图片修补上浪费时间。

扉页：增强代入感

菜单的扉页往往能在黄金 10 秒内彰显餐厅的格调，它不仅给顾客留出更多的想象空间，同时还能刺激并增加他们读下去的欲望（见图 5–1）。不过扉页如果完全用文化页展示，那么其高昂的成本常常令一些餐厅望而却步。因此设计师通常会做两种方案：一种是纯粹的文化页，另一种则是同一页内有菜品信息。

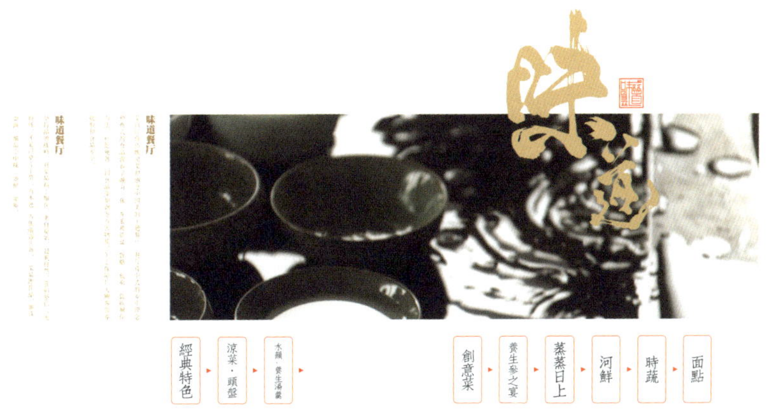

图 5–1　扉页设计展现了餐厅主打的传统风味和手工质感

需要注意的是，客单价 80 元以下、快餐等追求速度和客单价的餐厅并不太适合在扉页设计上耗费过多的心思：一会降低点餐速度，二会让顾客觉得有距离感。这就像在劳斯莱斯店里卖咖啡一样，即便咖啡价格并不高，也不会有多少人愿意体验。对于餐厅来讲，充分考虑顾客真正的用餐需求通常比刻意追求形式更为重要。

区隔页：剧情转折

与扉页相互依存的区隔页，如今已经不再是一种简单的区隔符号，它更像剧情转折的扮演者。一系列重复和固定的间隔，既可以作为菜单开端的补充，为顾客带去不同的感官体验，消除视觉疲劳，同时又能很好地控制菜单的节奏感和韵律感（见图 5–2）。

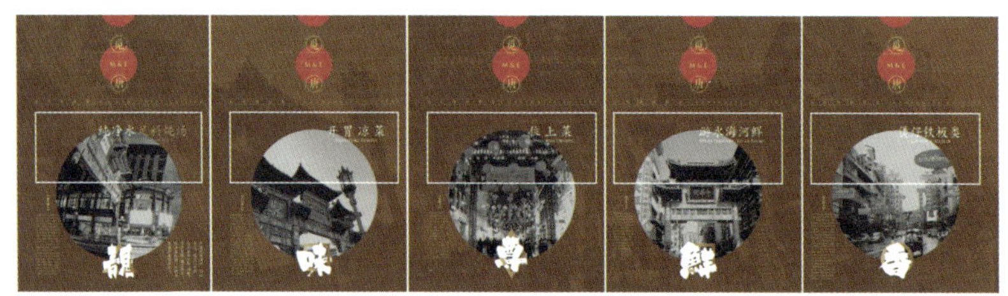

图 5–2　区隔页也是餐厅的文化、美学表达舞台

大多数菜单的区隔页都是由以下三大元素组成的：

品类名称 + 品类描述 + 与扉页一脉相承的设计或延续

值得注意的是，正如观众在紧绷心弦看了 20 分钟电影后，往往会希望来一段音乐、慢镜头或者一段旁白以舒缓心情。区隔页的设计也不能“太满”，还应注意和菜品形成明显的对比。无论是色彩、版式、主题，还是其他元素都可以在此发挥所长。为了不让图片或文字的变化破坏整个页面的风格，设置一套固定的区隔页模板就显得尤为必要。

图片、文字等元素：引人入胜

在对菜单的图片、文字和色彩等元素进行设计时，必须始终服务于主题基调，要时刻注意平衡感，不要让观众每翻开一页都感觉自己进入了新的世界。

1. 图片。相比文字和数字，图片更能瞬间刺激顾客的感官，有效吸引他们选择某道菜品。越是生动形象、颜色逼真的美食图片，越能直接有效地提升营业额。图片不需要张张都太美，极其新鲜的食材或本身美感度较强的食物，最好不要用过多的设计手法或复杂的背景进行修饰，表达出食物本身的“性格”更重要。

（1）尺寸。翻开菜单后的左右两页图片大小以两三种尺寸变化为佳，多了会显得杂乱不堪且毫无视觉焦点，少了则会让人感觉单调乏味。

（2）推荐菜位置。推荐菜多半会被设计师放在菜单的左边，尽可能放大到整个页面，这种设计既考虑了顾客的阅读习惯和视觉原理，其明显的尺寸对比又可以很好地拉高推荐菜品的销售额。当然，这种情况并非一成不变，推荐菜被放置在右侧的情况也不少。设计师如此设计，有时是为了找取平衡感，有时则是为现实所迫——上一个品类的最后一道菜品刚巧被放置到了右边的页面，下一个品类的区隔页只能占据左边的页面。

（3）色彩。电影中常常运用不同的光影和色彩营造一种氛围或者表达一种情绪，有时也为后续情节埋下更好的伏笔，菜单亦如此。一本菜单中必须要有色调的对比和统一，从黑白灰原则上讲：暗色调 20%、中间色 60%、亮色 20% 这个比例能很好地保证整体色彩的平衡，同时也能让颜色显得更有层次感和韵律感。

（4）留白。菜单的图片设计还要注意空间感对比，留白是突出平面空间感的办法之一。在菜品食材繁冗、摆盘复杂、餐具累赘、页面品类众多且感觉较压抑的情况下，菜单都应尽可能留白（见图 5–3）。

图 5–3　足够的留白让画面更加透气

需要强调的是，图片的排版设计很大一部分还是取决于前期拍摄。所以，设计公司往往会要求摄影师至少给出三种以上的拍摄手法，以方便他们在后期排版时更加方便、快速地选取最佳拍摄角度和图片版式。

2. 文字。如果将菜单中的图片看作电影画面，那么文字就是主人公之间的对白，它能够让画面更加丰富、和谐和完整，缺失文字描述的菜单则会显得较为苍白无力。

读图比读文字的速度更快、娱乐性更强，其信息获取的渠道也更方便快捷，因此更符合顾客的阅读习惯。在对菜单文字进行排版设计时，始终要注意一个原则——文字的图形化。简而言之，就是将文字当成图片来设计，让其跟图片融为一体又不被图片淹没。下面，为大家推荐几个简单实用的小技巧。

（1）放大字号。通过放大整体文本色块面积的方法，可以有效提升顾客的关注度。需要注意的是，一味放大字体会让人感觉有些笨拙，字体应尽量选择有衬线的，既能避免让人感觉粗糙，同时还能通过复杂的笔画增加颜色面积。

（2）扩大色彩面积。更大的色彩面积，无形中扩大了色彩的可视比例，比如将文字进行反白处理等（见图 5–4）。

凉拌莜面

凉拌莜面

图 5–4　反白处理

（3）调整字体颜色。这种做法能让原本单调的单色文本变得更为出挑，前提是千万别调得花里胡哨。通过颜色的有序渐变以及将文字内容刻意进行色彩区分，能有效地避免颜色的杂乱无章和低端感。

（4）字体的物化与变形。这种做法可以让字形显得不那么僵硬，同时更富有空间感和延展性。

（5）规整版面。在进行菜品的文字描述时，切忌使用大长句。适当断句和设置一定的行距能够更加贴合顾客的阅读习惯，还能让画面更有美感，这一点与区隔页的设计逻辑颇为相似。

（6）尽可能将文字置于图片下方。顾客总是习惯将文字视为对上方图片的补充。在菜单的单页中，图片最好置于上方，留白处在下，文字可以直接在下方填充（见图 5–5）。

文字放在这里，你读起来好像总不是特别舒服

放在这里效果就好多了

图 5–5　文字放置位置对比

（7）别乱套字体。字体的选用一定要专业，中文字体选自中文字体库，英文字体则从英文字体库中挑选。

结尾：美好结局

一部好电影的结尾，不仅能让观众坚持看完，还能为续集的拍摄埋下伏笔。反观菜单，可以选择放一些饮品和小食作为结束语，为顾客营造一种整体和谐的美好感觉，让人意犹未尽。

不要轻易尝试电子菜单

从不同品类、不同场景的角度来看，菜单承载的功能之多决定了它的表现形式不再单一且拘谨。除了常见的“固定型”纸质菜单以外，餐厅内的手写黑板、桌上的餐牌、食物底下的餐盘纸、食物的展示模板等，都能算作短期内展示菜品的“即时性”菜单（“固定型”菜单的搭档）。

从过去的纸质菜单到如今的电子菜单（平板电脑点餐、微信点餐、自助点餐机），顾客的点餐形式正在不断发生变化，两者都有各自存在的道理。在大方向上，出现时间不算短的电子菜单并未广泛普及，大多数餐厅还是回归到了纸质菜单的应用中。

需要强调的是，企业在选择自己的菜单呈现方式时，应根据自身厨房设备、菜单、规模和菜品结构来定，不要为了赶时髦而贸然尝试电子菜单。通常情况下，单品类餐厅比多品类餐厅更适合电子菜单。

应用电子菜单的好处主要体现在以下几个方面。

更新成本低

相比纸质菜单菜品上新或下架的高频印刷，电子菜单只需餐厅操作后台即可，看似高成本的机器投入实际比纸质菜单更少。

降低人工成本

使用电子菜单的餐厅，仅需通过平板电脑、微信和自助点餐机便可实现顾客线上自主点餐过程，大大节省甚至剔除了前厅点餐服务员的人工成本。

提升翻台率

电子菜单省去了点菜的服务环节，减少了顾客整体用餐的时间，能够明显提升翻台率。

信息存留更准确

顾客通过微信扫码即可完成支付，这种操作方式有助于餐厅实现对顾客的数据存留、数据分析和后期的精准营销。比如使用电子点餐的海底捞，顾客进店消费一次以上时，海底捞的后台系统就会根据顾客上次点单的信息为其推荐合适的菜品。

作为新时代的产物，电子菜单的出现有其必然性，其优势也显而易见。然而，电子菜单也存在诸多不足之处，并不能广泛应用于各个餐厅，主要体现在以下三个方面。

教育成本高

能够顺利接受电子菜单形式的顾客群以年轻人为主，受众面窄。那些想要俘获各年龄段顾客的餐厅，要付出高昂的时间成本来教育顾客。基于餐饮行业的独特属性——顾客的流动性极大，教育顾客的时间周期会十分漫长，需要长时间的持续投入。比如，麦当劳自助点餐机的操作仍需工作人员指引。

品牌形象不突出

纸质菜单往往可以通过纸张质地、排版设计、图片配色等多种形式来表达自己的品牌形象，而电子菜单的版式设计则相对单一乏味，视觉冲击力不强，不够贴近顾客，很难引起顾客的共鸣。

增加后厨压力

电子菜单的确能为拉面店、寿司店、粥店这类易于标准化的单品类餐厅带来更高的效益，但它也会给一些餐厅造成过大的后厨压力，比如那些操作工艺和流程复杂的多品类餐厅。

综上所述，电子菜单是时下的潮流，但请不要轻易尝试。要知道，电子点餐并不适用于所有类型的餐厅，教育成本高、品牌形象不突出等问题都需要餐厅经营者在尝试电子菜单之前充分考虑。还需注意的是，电子菜单的软、硬件技术尚未形成规模，贸然尝试甚至有可能无故增加各个环节的压力和成本，削减餐厅的利润。

每种新的菜单形式的出现，背后都离不开消费趋势的导向和企业架构的调整。可以说，菜单的呈现方式越专业，对餐厅品牌定位、菜品结构计算、消费心理学知识、设计师专业度等因素的要求就越高。根据自己的品类属性，找到适合自己的菜单呈现方式，才能最大程度地发挥餐厅的特质和优势。

案例

杨记兴的“菜单革命”

“明明我家的菜比别人家的多，味道也不差，为什么生意却比别人差那么多？”这是很多餐饮经营者都曾经面临的一个困惑，问题很有可能出现在菜单上。很多餐饮人认为多而全的产品结构会让顾客的选择更多，生意会更好做，然而，很多现实的例子却告诉我们并非如此，杨记兴臭鳜鱼就是其中之一。

徽乡谣——杨记兴的前身，是杨金祥和朋友在 2010 年开的一家做徽菜的餐厅，当时的菜单里有 220 道菜。然而，220 道菜并没有让店里的生意好起来，亏损两年之后便转让了出去。痛定思痛的杨金祥反省后总结，问题的关键在于菜品过于复杂，而且没有一个可以挑起大梁的主打菜。

菜单过于复杂就砍菜单，于是就有了杨记兴以下几次菜单革命。从亏损到赢利，从单店到 10 家店，变化的绝不仅是菜单上的菜品，还有其背后的逻辑。下面就让我们一起探寻一下杨记兴臭鳜鱼的菜单革命。

第一代菜单：确立主打菜品

决定了在菜单上下功夫，杨金祥要做的第一件事就是选出一道能够代表餐厅个性的主打产品，然后借其实现单品突破。从 220 道菜中选出一道既要在徽菜中有代表性，又要适合单品突破的菜品是一件难事。选来选去，杨金祥最终决定用臭鳜鱼这款特色菜品作为餐厅的主打菜。

确定了主打菜之后，他做了以下几件事情：重新注册品牌，也就是现在的杨记兴臭鳜鱼；派遣厨师回安徽深造；将原来 400 平方米的大店变成小店；菜单从原来的 220 道，砍掉了近一半，压缩到 120 道（见图 5–6）。

图 5–6　杨记兴臭鳜鱼的第一代菜单

杨记兴的第一次菜单革命显然是成功的，最直接的效果是大店变小店使得成本降低了 100 万元。另外，客流也开始呈现明显的上升趋势，和之前相比，餐厅的整体营业额提升了 15%，毛利率也由之前的 50% 增长到了 58%，初步实现了赢利。同时，杨记兴臭鳜鱼的品牌也开始有了一定的知名度。

尝到了菜单革命甜头的杨金祥，开始继续研究和改进菜单。

第二代菜单：半小时上菜

在体会到菜单做减法的好处后，杨记兴对菜品结构进行了再次优化：从 120 道减至 78 道（见图 5–7）。

图 5–7 杨记兴臭鳜鱼的第二代菜单

在减少菜品的同时，为了提高上菜效率和服务质量，确保更好的用户体验，杨金祥对餐厅提出了新的要求：顾客点餐后，半小时内必须将其所点菜品上齐，规定时间内没上齐的菜，将免费赠送给顾客。

第二次菜单革命同样取得了较为明显的成果，首先，被确立为核心产品的臭鳜鱼点单率大幅上升，出现了明显的品牌效应，餐厅的品牌知名度也有所提高。其次，餐厅的毛利率也由之前的58% 上升到了 62%，营收上涨了 10%。在这样的情况下，杨金祥开始了扩张之旅，由原来的一家门店开到了三家。

第三代菜单：增加视觉效果和菜品故事

随着餐厅的不断发展，为了更好地满足顾客的需求，杨金祥再次对菜单进行了大刀阔斧的改革。伴随着第三代菜单的出炉，杨记兴臭鳜鱼的菜品已经从 78 道减至 58 道。菜品减少使得核心产品臭鳜鱼更加突显。与此同时，杨金祥还为菜单增加了视觉效果，增添了一些菜品的说明和故事，看起来更加生动诱人（见图 5–8）。

图 5–8　杨记兴臭鳜鱼的第三代菜单

这次菜单瘦身，使得餐厅采购、配送、存储、加工和出品的效率得到了整体提升，成本再度下降。第三代菜单带来的最直接的效果，是杨记兴臭鳜鱼的营业额上涨 30%，毛利率由 62% 上涨到 65%。

第四代菜单：确定品牌定位和赢利模式

三次菜单的改革给杨记兴臭鳜鱼带来的效果有目共睹，但在这个变幻莫测、日新月异的商业社会，不断地调整、进步以更加适应市场的变化是每个餐厅生存下来的根本，杨金祥自然也不会因为小有成就而沾沾自喜，停下其菜单革命的脚步。

事实上，此时杨记兴的品牌定位和赢利模式已经基本确立，就是围绕臭鳜鱼这个核心产品打造与之相匹配的卫星产品、设计和服务。因此，当再次对菜单进行调整时，就明显轻松了很多，经过一番激烈探讨，杨记兴的第四代菜单出炉，这次菜单由 58 道变成了 39 道（见图 5–9）。

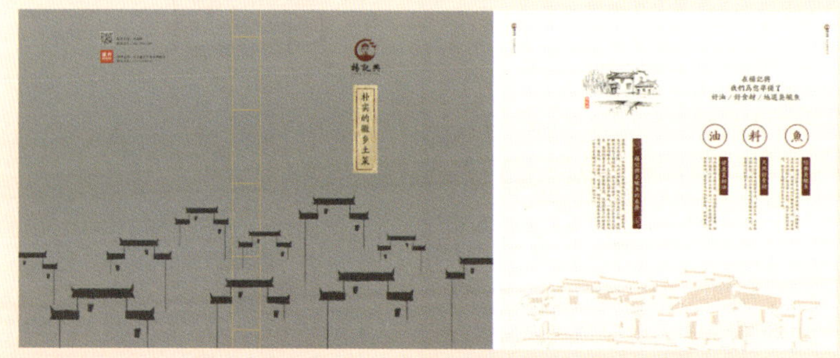

图 5–9　杨记兴臭鳜鱼的第四代菜单

第四代菜单使得杨记兴臭鳜鱼的营收上涨了 10%，毛利率由 65% 上升到 67%。

第五代菜单：确定餐厅产品结构

商场如战场，唯一不变的是变化。经过一段时间的沉淀，杨记兴再次推出了其新一代菜单——第五代菜单，只减少了一道菜，但是餐厅的产品结构已经成形。整个菜单围绕三大特色（臭鳜鱼的三种做法）和四大招牌菜、十大必点菜等组成了一个清晰的产品序列，即使第一次光临的顾客，也不会因为点什么而发愁（见图 5–10）。

图 5–10　杨记兴臭鳜鱼的第五代菜单

这次调整之后，餐厅的营收再次实现了 15% 左右的上涨，毛利率从 67% 升至 68%，其中 50% 的营收来自核心产品臭鳜鱼。

从第五代菜单开始，杨记兴臭鳜鱼的菜品数量已经基本维持在 38 道，调整的也只是菜单的呈现形式和产品结构，而产品更迭的机制更是以末位淘汰制来操作的。回顾杨记兴五次“餐单革命”的历程，从 220 道菜到 38 道菜，杨记兴对于菜单的改革表面上看是对于菜品的削减，事实上，更多的是杨记兴在品牌上的重塑和经营策略的纠正。首先，菜品削减了这么多，减什么？杨记兴总结了五不要，凡是符合以下五个特性的都不要：不易采购、运输、存储的不要；技术难度大、标准不好把控的不要；季节明显的不要；除了臭鳜鱼，其他所有的鱼类菜肴都不要；跟招牌、特色、必点菜有冲突或类似的不要。

其次，每一次调整菜单，伴随菜品数量减少的是菜品结构、供应链结构和后厨效率的优化，它涉及餐厅方方面面的变化，这样给餐厅带来的效果才是显而易见的。

在菜品结构方面

菜单上留下来的产品越做越精，这样菜品的质量不仅有了保证，还会不断提升。围绕核心产品杨记兴臭鳜鱼来打造的四大招牌、十大必点，简单明了。50% 的营收来自核心产品，其他卫星产品的作用只是起到辅助和锦上添花的作用。

在供应链方面

菜品少了，厨房的原材料保管便捷了，浪费减少，餐厅的毛利率从 50% 提升到 68%，纯利达到 20%。

在效率方面

将技术难度大、标准不好把控的菜品剔除之后，后厨档口减少，分工更为明确简单，整体出品效率得以保障，也提高了翻台率。

另外，杨记兴每次更换菜单后，客单价都会有一定的上升，从最初的客单价 90 元到 95 元再到现在的 100 元。这不仅是因为定价有所提高，更是菜单改革背后带来的菜品口味、品相、器皿搭配、包装、环境、服务等一系列因素的提升。

一本菜单，应该直观地体现出餐厅的品类、业态、消费人群和核心产品，应当是餐厅经营者严格分析和策划后主动革新的结果，而不是单纯为了提价、美观，或一味搜罗、模仿、照搬别人的招牌产品而被动做出改变后的模样。在这一点上，杨记兴臭鳜鱼的“菜单革命”具有极强的借鉴意义。

第六章

营销：

让顾客知道你，爱上你

餐饮营销就像谈恋爱，顾客就是你的女朋友，你要了解顾客的脾气、秉性、喜好，以及她心口不一背后的真实动机，然后牢牢抓住她的心。高水平的餐饮营销，绝不会仅用一套方案打遍天下，而是精准地对不同渠道投放不同的营销策略，以达成不同的营销目的，绝不浪费任何一分钱的投入。

传单虽小，可不简单

在展开本节的话题之前，先让我们一起看看以下两个场景。

场景 1：你兴高采烈地准备跟朋友一起去吃酸菜鱼，到了餐厅之后发现要排一个小时的长队。此时旁边主营藤椒鱼的餐厅的服务员把一张传单塞到了你手里。传单上的菜品很诱人，价格也很实惠。于是你跟朋友果断地放弃了在酸菜鱼餐厅吃饭的念头，饥肠辘辘地走进了旁边的藤椒鱼火锅餐厅。

场景 2：早上你着急赶去上班，在挤了一个小时的地铁之后，你满头大汗地走出了地铁。地铁口有一群餐厅的地推人员想往你手里塞传单，此时的你心情急躁，打算绕开他们。谁知这些人眼尖手快，硬是将传单塞到了你的手中。天气挺热的，你正好将传单当成扇子扇几下，随手就扔进了路边的垃圾桶。

对于一家新开张的餐厅来说，最大的梦想莫过于让全天下的人都知道自己、了解自己并且愿意前来一试。相较动辄几千元一天的公交站牌广告位、地铁广告位、写字楼 LED 显示屏来说，发传单无疑是餐厅最经济易行的营销方式之一。但为什么有的传单能够明显增加餐厅的到店量，而有的传单发出之后却总是塞满拐角的垃圾桶？发传单不难，发对传单却并不简单。发传单就好比在挑选合适的结婚对象：在合适的时间和合适的地点发给合适的人。只要能做到以上三点，就是一次成功的传单营销。传单营销应注意以下三大层面。

设计层面：突出重点

传单营销的最大作用，就是在第一时间找到潜在顾客，传达餐厅经营者最想让顾客知道的信息，切忌大而全。在设计传单时，一定要重点突出想让顾客记住的主题，比如开业或者打折。关键词切忌过多，什么都想说等于什么都没说（见图 6–1）。

图 6–1　全是重点等于没有重点

这份传单的色彩十分鲜艳，貌似重点突出，但若是提取一下关键词就会发现这张传单想表达的内容竟然有 5 种之多——开业、打折、送菜、农家菜、精品。潜在顾客看完之后，完全记不住这是一家什么样的餐厅。现在的顾客很挑剔，每天开业的餐厅也很多，他为什么会选择你的餐厅？

与此同时，传单的配色配图也要紧紧围绕主题，要选择烘托重点的配色和有吸引力的产品配图。传单的文案一定要直接、聚焦且不拖泥带水（见图 6–2）。

图 6–2　颜色素净，排版朴素，所以大家的目光都在红色的地方

这份传单的配图和文字都聚焦在两个方面：龙虾，聚会。一个是餐厅的菜品，一个是餐厅的氛围，给顾客最直接的信息，让他们最快了解品牌。

当然，简洁并不意味着简单。如果你的传单简单到连一张图片都没有，它的问题就会逐渐显露。当潜在顾客在看到传单的三秒钟内都不会产生明显的进餐欲望时，再好看的设计也无非就是一张纸，摆脱不了被丢进垃圾桶的命运。

投放层面：选定人群

在这个营销过度的时代，广撒网是一种效率很低的传单营销模式，很难让传单精准到达潜在顾客的手中。只有将传单准确投给目标顾客，才能事半功倍。

为了解决投放问题，餐厅经营者可以以社会维度、个人维度、集体维度以及关系维度为出发点，为目标顾客贴上标签，准确地找到属于自己餐厅的潜在顾客（见图 6–3）。

社会维度	个人维度	集体维度	关系维度
我拥有什么	我喜欢或不喜欢什么	在一个什么样的团体	我是谁的谁
比如土豪	比如常健身、爱吃辣、重品质	比如家乡（地域）、90 后（年龄）、商务人士（工作）	比如宝妈

图 6–3　从四大维度给顾客贴标签

举个例子，米粉品牌伏牛堂的顾客标签集合是：正处于奋斗阶段、爱吃辣、18~35 岁、在北京的湖南人。有一些第三方后台可以根据顾客标签生成符合标签人群的热力图，以此为依据进行传单营销，能够明显提升精准性。

如果你的餐厅目前尚未拥有类似的后台功能，别着急，还有一种简单的方法可供参考——利用品牌之间的相关性。正如住五星级酒店的客人也会去楼下博柏利（Burberry）消费一样，购买某种消费品牌的顾客会去相同消费水平的地点用餐。利用顾客的这一特性，餐厅可以通过对自己顾客的消费类型进行观察总结，选择相应的地点发放传单。

执行层面：到达目标

说到底，传单还得靠地推人员送到潜在顾客的手里，所以最后这一环同样重要。餐厅的地推人员往往会在匆忙来往的人群面前不知所措，不知如何才能将传单精准地发放到目标顾客的手中。此时，不妨使用以下几个技巧。

1. 根据人群流动特性选点。在图 6–4 所示的路口中，A、B 两点是较好的传单发放位置，拥有最多的通过人群。

需要注意的是，并不是所有人流量大的地方都适合发放传单，比如地铁口附近、公交车站附近、电梯升降口附近等。这些地方的

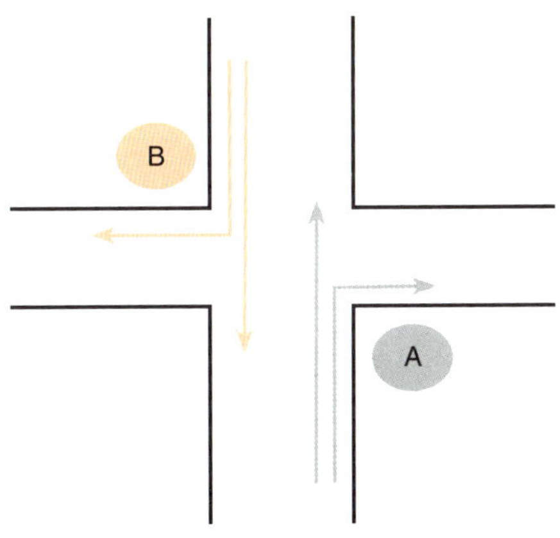

图 6–4 发放传单的最佳位置

人流量虽然很大，但受到各种因素的限制，并不适合派发传单。正如开篇第二个场景体现的——我正着急赶路，你却中途“阻截”，我选择视而不见。第一个场景则是——我正饥肠辘辘，你来雪中送炭，我感激不尽。

2. 与潜在顾客互动。设计了绝佳的传单，选择了潜在顾客人群和发放环境，并不意味着传单营销的结束，地推人员跟潜在顾客的互动也是关系到传单营销成败的重要元素之一，应注意以下四点。

（1）保持微笑。地推人员需要用微笑和潜在顾客有短暂的目光接触，然后递上传单。这样一来，传单被马上扔掉的概率会降低很多。

（2）第一句话。当地推人员递上传单时，为了吸引潜在顾客的注意力经常都会说一句话，这句话对于潜在客户能否注意手中的传单起着巨大的作用。对于不同的潜在顾客，有效的第一句话不尽相同。具体应该怎么说，需要通过实际效果进行总结。总的原则是，要说明餐厅能让潜在顾客占到何种便宜。

（3）最后一张。如果地推人员所在的位置有很多其他机构也在发放传单，这时需要地推人员巧妙地调整自己的位置。一般来说，人们会将传单依次放到手中，能一眼看到的无疑是最后一张。因此，地推人员应该稍微离开其他机构的传单发放点，根据人流走向，站在所有发放传单人员的最后面。这样一来，便有机会和潜在顾客多聊几句，引起他们的注意。

（4）说五句话。这是通俗的说法，指的是地推人员应该和潜在顾客多聊几句，但也不宜过多，一般而言，说五句比较合适。原因有以下两点。

第一，传单应在一定时间内尽量达到更多的潜在顾客手中，地推人员不应在一个潜在顾客身上花费过多的时间。要知道，后面还有其他潜在的顾客正源源不断地经过地推人员的身边。

第二，言多必失。地推人员大多为临时招聘，对餐厅具体情况缺乏深度了解，说多了容易失言。

总而言之，发传单这件看似简单的事情，其实并不像想象中的那么简单。作为最简单粗暴的营销方式，其背后蕴藏着一套非常复杂的逻辑。只要能够掌握正确的方法，发传单也能够成为餐厅的营销利器。

用创意引爆生意

优秀的营销总是创意当先，餐饮品牌想要做大做深、实现跨地域扩张，创意营销是不可或缺的重要手段之一。所谓创意营销，就是用具有创意的点子挖掘出顾客内心深处潜藏的真实需求，从而让餐厅品牌深入人心，这也是像麦当劳和肯德基这样的一线餐饮品牌多年来坚持进行创意营销的主要原因。创意营销的底层是人性，我们可以按照弗洛伊德对人格划分的三个层次（本我、自我、超我）来对餐厅的创意营销进行划分。

本我创意：主宰产品的传播价值

本我是人类潜藏于心底的天性，无法改变，比如性，食物，爱美，说走就走的旅行，逃离北、上、广……这些都是人类与生俱来的生理本能，无须过度渲染。餐厅在策划“本我创意营销”时，出发点有两个：要么满足本我情绪，要么刺激本我情绪，进而获得爆炸性传播。

肯德基一直坚持在化妆品行业"搅和"，要的就是创造反差感和热议度，同时与怀揣爱美之心和消费激情的年轻消费者互动。2016 年 5 月，为庆祝开店 30 年，肯德基在香港推出了一款名为"点指回味"的可食用指甲油，采取限量供应的方式进行纯线下销售。

在尝到免费传播的甜头后，肯德基继而和国产彩妆品牌玛丽黛佳联合推出礼盒，里面有钥匙扣、草莓甜筒形状的包、三支迷你唇膏以及三张冰激凌券，当日开卖不到半小时便销售超过一万套。2016 年 9 月，肯德基又推出了 3000 瓶上校鸡块味的防晒霜，免费供应。2017 年，肯德基与上海时装周中的四位设计师跨界合作，把咖啡融入了各种服装和配饰。

自我创意：诉求产品的使用价值

自我意味着"个性"，"自我创意营销"和"本我创意营销"的出发点恰恰相反。由于这种营销方式并不属于本能范畴，顾客的消费会更趋于理性，刺激"本我小人"或许并不是提高餐厅流水最有效的方法。因此，麦当劳和肯德基一直致力于培养顾客的消费习惯，从小处着眼，做自主玩具、跟风 IP（知识产权）……

1. 按照时间顺序。顾客对品牌有先天认同感，不少孩子都会为了集齐一套玩具而哭闹着去麦当劳，这种品牌认同并不会随着年龄的增长而降低，这也是餐饮企业稳定发展的一大保证。

2. 按照产品顺序。麦当劳早些年推出的玩具大多偏爱自主开发的品牌形象，比如汉堡神偷、大鸟姐姐等。现在，麦当劳对固有 IP 的二度开发和联营越发上心：配合电影档期推出小黄人套餐和马达加斯加企鹅套餐，甚至 Hello Kitty 和小丸子等早期的经典形象也经常成为麦当劳的改良对象……彻底激发这些 IP 固有粉丝的就餐欲望。

超我创意：诉求产品的体验价值

超我属于人性的道德良心和自我理想的范畴。就像“没有买卖，就没有杀害”“因为西贝，人生喜悦”“除了相片，什么都不要带走；除了脚印，什么都不要留下”，不一而足。这些看似重复 10 遍就会被洗脑的超级语句，实际上，恰恰满足了人性的超我部分，用强调道德和良心的方式，来达到深入人心的效果。

河南的一家台式餐厅的负责人曾被记者发问：“贵公司在这儿做得这么好，有没有扩张到北、上、广等一线城市的想法？”这名负责人回答：“河南有 1.07 亿人，我们餐厅只要服务好这些人就已经足够了。”很简单的一句话，却令这位记者莫名感动。

这些看似不接地气的“超级语句”，对餐厅流水并不会产生直接的带动作用，也未必会形成心智聚焦。这看似有悖于品牌运营必定追求绩效，有雄心的餐饮品牌却乐此不疲。原因何在？无他，唯“近因效应”尔。餐厅用简单的一句话，就让顾客永远记住了意犹未尽的那一次餐饮体验，餐厅的品牌形象由此深入人心，这就是超我创意的力量。

在这个“先占者为胜”的创新型社会里，创意营销是餐厅赢得顾客青睐的最佳保障。在对创意营销的基本原理有了深入了解后，接下来让我们看看具体的方法论。以下是我们特地准备的五个颇具代表性的创意营销技巧，希望能对餐厅经营者有所帮助。

收银小票

收银小票除了方便顾客核算自己的购物清单之外，还能干点什么？放二维码求关注？算了吧，这只会让顾客更快地把它丢掉。在创意大师手中，收银小票也能成为餐厅招揽生意的利器。

湖南著名的茶饮品牌“茶颜悦色”就因为“跌宕起伏”的小票“连载故事”而成为2019年的一个网络热点。“茶颜悦色”的购物小票一直强调所谓的“官网”和“加盟招募”都是虚假消息，“等我们有钱了就去告他们”。2019年4月，连韩国也出现了冒牌的“茶颜悦色”，于是“茶颜悦色”官方微博奋起反击：“我们已经赚了一点钱，开始告他们了。”小票上那些啰唆的警告，在这一瞬间聚合成了网络热点（见图6–5）。

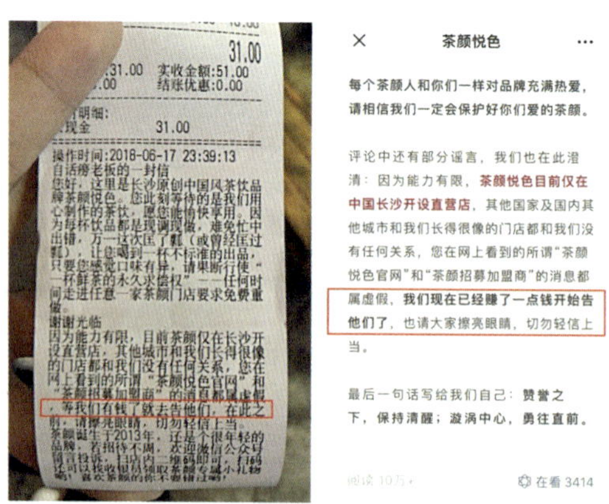

图6–5　不断更新“故事情节”的购物小票

虽然，这些购物小票还没有珍贵到让顾客收藏的程度，但至少能成为餐厅输出自身价值观的有效载体，何乐而不为？

桌卡

“特色龙虾饭 15 元一碗，只限今日”“新上 15 元龙虾饭，欢迎品尝”……除了展示食物信息之外，餐厅桌卡在更多的情况下扮演的是叫号牌的角色，枯燥无味，收效甚微。试想一下，当桌卡遇上创意，会是怎样一种场景？

从 2017 年开始，市场上出现了集广告展示、菜品宣传、弹幕社交、等餐游戏以及共享充电为一体的智能桌牌（见图 6–6），将广告投放平台和共享充电宝融为一体，成为一个桌面智能小摆件，并打入黄记煌、胡桃里、小南国等连锁餐饮品牌。

图 6–6　智能桌牌

桌面

在桌面上进行创意营销，相比菜单和墙面有更大的优越性。桌面离顾客最近，且能够让顾客较长时间集中注意力。无论是托盘上的一次性餐垫纸、高档餐厅桌上的餐布、贴在桌上的图片，还是桌子与隔板间的夹层，都能为餐厅带来更多的营销价值。

麦当劳和肯德基的餐垫纸一直是新品上市和品牌信息的重要展示空间，这两家企业也都曾经把餐垫纸和音乐体验联结在一起。肯德基在中国曾推出名为 K-Music 的餐垫纸（见图 6–7），消费者用手机扫描上面的二维码即可用音乐“佐餐”。麦当劳在荷兰则与科技企业合作，给餐盘装上电路板，上面的餐垫纸则成为“触控界面”，消费者只要在手机上下载相应的 App，通过蓝牙将手机与餐盘连接，就能像音乐制作人一样“写歌”了，该系统还支持录音，让消费者把自己的作品分享给亲朋好友。

图 6–7 闪开，肯德基餐垫纸要唱歌了

包装袋

让我们将目光投向餐厅里随处可见的那些打包袋、外卖包装盒和快餐纸袋，在这些包装袋的平面上印制标识几乎是 90% 的餐饮经营者都能想到的玩法。但实际上，除了作为品牌信息的输出地之外，这些包装袋还是一个庞大的流量入口，它可以借助不同品牌的 IP 属性聚集不同类型的客群，扩大粉丝圈层；也可以刺激消费者拍照分享的欲望，增加品牌的曝光和二次传播，还可以通过其独特的设计本身，成为品牌的标志物。

至味优粮（原优粮生活）一直在外卖包装盒上下功夫，积极创新，如首创菜饭分离包装、硬壳纸包装盒、眼镜盒式小碗菜组合包装盒（见图 6–8），以及拆开外包装即可成为桌垫的聪明设计、外翻时汤汁不会溅出的带把手盒盖等。各种细节让至味优粮的包装盒本身与产品融为一体，在消费体验过程中被顾客记住，成为即便被抄袭，也难以被超越的品牌壁垒。

图 6–8　2016 年问世后即被全国模仿的眼镜盒式包装

创意衍生品

创意衍生品现已成为体现餐厅品牌价值感的重要组成部分，可以分为对内衍生品与对外衍生品两种。

1. 对内衍生品指的是餐厅通过店内某些陈设和体验，向顾客传递某种价值观。

复古怀旧咖啡馆 Berry Beans 的店主韦寒夜为自家手冲壶、摇杯、滤纸袋等物件专门定制了皮套（见图 6–9）。

图 6–9 别具匠心的 Berry Beans 滤纸袋

这些皮套跟店里的课程、活动或市集相互配合，让顾客在等待店员冲煮咖啡的过程中，亲自体验咖啡背后的复古文化和匠人精神。当这种感觉传达到顾客的内心时，便成为一种最容易也最有效地刺激顾客购买的创新营销方式。

2. 有了对内的铺垫，对外的一系列创新方式便是顺水推舟的事情。餐厅经营者既可以选择与自身调性相同或反差感极强的品牌联名合作，像潮流街头风格的饮品连锁品牌 FlyJuice 与香港服装品牌 Creamsoda 联名推出手机壳，为彼此注入更多的活力；又可以选择努力营造某种氛围，引导消费者的生活方式并让他们效仿彼此，像 Berry Beans 在过年时推出的拜年挂耳咖啡包，用平民的价格加上独特的标签，让顾客难以按捺住消费的欲望。

无创意，不营销。真正高明的餐厅不会单纯地卖给顾客美食，而会用创意给顾客带来一次与众不同的就餐体验，让顾客终生难忘。需要注意的是，创意营销并不意味着像牛皮癣一样在顾客能够接触到的每一个环节进行信息罗列。餐饮人应谨记：缺乏审美的创意绝不是好创意。

活动营销的五大维度

所谓活动营销，是指餐厅为提高品牌知名度和影响力而设计或参加的一系列大型社会或商业活动。这是餐厅获得顾客认可和进行市场拓展的一个重要过程。从生意的角度讲，活动营销对于餐厅而言无疑具有十分重要的意义：吸引新顾客进店（拉新），促使老顾客再次进店（复购），直接提高销售额和毛利（多赚钱）。

成功的餐饮生意，是对投入产出比的把握，是无数次成功营销的累积。怎样才能策划一场行之有效的活动营销？这是困扰无数餐厅经营者的一大难题。为了解决这一难题，经营者需要对活动营销方案的五大维度做到心中有数，才能事半功倍。

活动目的：餐厅为什么要做活动

餐厅经营者必须明确一点：活动营销绝非越多越好。餐厅活动过多，极有可能引发冲突。比如，A 活动与 B 活动不能同享，B 活动和 C 活动又不能同享……这样一来，不仅会增加顾客的选择难度，还会大大增加餐厅员工的工作量，降低服务水平，进而使顾客的消费体验大打折扣，影响餐厅的声誉。

因此，活动营销贵精不贵多。通常情况下，同一周期内的活动以一两种为佳，最好不要超过三种，这样可以让顾客轻松愉悦地享受优惠服务的过程。这就要求餐厅经营者在策划每次活动营销之前，一定要明确自己本次活动的目的：是拉新、留客、与对手竞争，还是为了发展管理会员？总之，不同的活动内容针对的一定是不同的营销目的，绝非营销手段的简单叠加。

活动内容：为谁做活动

在明确了活动营销的目的之后，就要对活动的对象做出明确的划分。只有掌握好合适的力度，才能让餐厅经营者在保障自身利益的基础上，充分满足顾客的“得实惠”心理。这就要求餐厅经营者必须清晰自己的用户画像，达到“用户即会员”的精准效果。

一般来说，一次成功的活动营销至少包含三个条件：“优惠幅度＋消费门槛＋有效期限”。

1. 优惠幅度。优惠额到底应该是 10 元，50 元，还是 100 元？这绝不是餐厅经营者一拍脑袋就能定出的数字，而应根据业态情况、客单价以及活动类型而定。

2. 消费门槛。不该是每个顾客都能享有优惠额，而应设置一定的消费门槛，以便餐厅拦住那些单纯贪小便宜的无效顾客，避免使活动论为“赔本赚吆喝”。当然，消费门槛也不能定得太高，否则精准顾客也会被拒之门外。

3. 有效期限。活动有效期应该设置为 25 天，30 天，还是 40 天？这需要餐厅经营者结合顾客的平均消费周期设定有效期，绝非一件容易的事情。有效期太长，可能会导致客人不重视，有效期太短，顾客又很可能还来不及响应活动就过期了。如果餐厅的老会员比较多，建议将有效期设置得短一些，这样能够有效提高顾客的消费频次。

活动类型：哪种活动更适合

1. 翻台率不高的餐厅。对于翻台率不高的餐厅来讲，怎样留住客人才是最重要的问题。因此，餐厅经营者在设计活动方案时，要注意给顾客一个再来的理由。具体可以采用“消费送”的方式：顾客来店消费就可获取餐厅送出的相应优惠券，以此激励顾客的二次消费，进而培养顾客的消费习惯。优惠券面额要以餐厅类型来定，一般来说，中餐的优惠券面额以客单价的 20% 为宜，快餐的优惠券面额不要超过客单价的 15%，而轻奢餐的优惠券面额最好定在客单价的 30% 左右。

2. 客单价不高的餐厅。对于客单价不高的餐厅来说，提高桌均消费额以此带动收入才是活动营销最重要的任务。餐厅可以采取“满返券”的方式，根据客人的平均消费次数设置一个激励档位，利用赠券带动平常桌均消费额度，赠券面额参考同上。

活动流程：活动应该如何执行

活动策划得再科学，也必须靠落地来实现营销效果。通常来说，活动的实施和执行应从以下三个方面进行。

1. 网络平台宣传，包括企业公众号、官网和第三方平台等方面。

2. 物料宣传，包括平面媒体、周围商圈、DM[①] 传单、门店物料等方面。

3. 口头宣传。这一点主要说的是标准口令的确定，要知道无论前期活动策划得多么尽善尽美，也抵不过服务员或者收银员的一句丧气话。

以上三种方式，辐射面最广的是网络平台宣传，质量最高的是口头宣传。需要注意的是，如果服务员不熟悉话术、不熟悉用券核

---

① DM，即 direct mail advertising（直邮广告 / 直投杂志广告）。——编者注

销的流程，或者对数据完全不进行跟踪，也会影响活动的效果。这就需要餐厅经营者关注以下两个关键环节。

1. 标准的培训流程。保证每一位执行者对活动内容都清楚明白，培训的层级不单是员工层，连锁餐饮企业营运的各个层级都应对活动内容充分了解。

2. 明确的任务指标和奖惩措施。有执行就要有任务指标，也必须有奖惩政策。对于员工层，餐厅应该只奖不罚，奖惩主要落在管理者身上，以确保执行、监督等层面各司其职。

活动效果：如何评判活动效果

一直以来，很多餐厅经营者在对自己组织策划的营销活动效果进行评判时，要么缺乏一个明确的评估标准，要么全凭感觉（见图 6–10），这就导致活动效果存在很大的不确定性。

事实上，真正明智的做法应该是“用数据说话”。只有数据才最具说服力，才能让餐厅经营者明白活动效果好坏的节点位置，并有针对性地做出调整，降低盲目营销的概率。

营销效果好吗?

图 6–10 经理 A 和餐厅老板就营销活动效果的对话

通常情况下，我们可以根据“响应率”这一参数对活动营销的效果做出评判。所谓响应率，就是顾客对于活动营销的响应情况，

这一点与实际用券占比息息相关，即

响应率＝用券数 ÷ 发券数

如果标准的响应率按10%计算（应取餐厅历次营销活动数据的平均值统计），某次活动营销的响应率高于10%，则说明营销效果相对良好，反之，则说明营销效果还有待加强。

某餐厅策划了一次“满100元赠20元”的“满返券”活动，有效期为30天，活动期内总共放券23500张，用券1243张，营销收入186450元，该活动的响应率为

该活动的响应率＝1243÷23500×100%≈5.3%

参考目前市场综合响应率10%来看，该活动的响应率偏低，这也意味着此次活动营销的效果欠佳，需要餐厅经营者总结原因，以期再次举办类似活动时获取较高的响应率。

需要强调的是，活动好坏的评判并不能单纯考虑响应率，还应参考营销收益。如果餐厅在某次活动营销中投入的力度很大，虽然得到了较高的顾客响应率，但餐厅很有可能并没有赚到钱，反而处于赔本状态。反之，有时受环境等条件限制，虽然顾客的活动响应率并不是十分理想，但是餐厅取得了不错的营销收益，则说明该活动营销取得了一定的效果。

以上个案例为例，该餐饮营销收入为186450元，餐厅毛利率为60%，菜品的成本是40%，根据公式计算出

这次活动的营销收益 =（186450×60%）–（1243×20×40%）=101926元

如此看来，此次活动营销的效果还是非常显著的。

活动营销远非送出几张优惠券那么容易。一次好的活动营销，离不开精心策划、有效落实以及数据分析等各个环节。活动营销做得如何，绝不仅在于创意是否精彩、时机是否到位，更在于商业效果是否达成，所以复盘工作一定需要紧跟活动，为未来决策积累数据与经验。

借势，成为风口上的那只猪

达尔文曾在《物种起源》一书中提及：“能够生存下来的物种，并不是最强壮的，也不是头脑最聪明的，而是能够对环境变化做出最快反应的物种。”这句话放到餐饮营销领域中同样适用：环境变化可以理解为大势，而快速反应无疑就是一场借势营销。

由于文化、社会阶层、社会群体和家庭出身不同，顾客关注的重心也不尽相同。作为一个独立的餐饮品牌，辐射面难免有限，而借名人或事件之势，就有了更广泛的传播空间。再者，通过深挖名人喜好、发酵事件，也是在刺激他们固有粉丝的情绪。情绪好坏无所谓，关键是有情绪，这样就有机会吸纳粉丝进店用餐。

对于借势，多数人仅停留在“知道”的层面，所以品牌还没

有做大；少数人正在“做到”，所以他们成了被羡慕的对象；极少人总在“赚到”，因为他们通过一次次的借势营销使餐厅品牌深入人心。

对于很多餐饮品牌来说，借势营销是可遇不可求的事情。事件与餐厅的结合点和传播渠道的选择都是需要餐厅经营者综合考量的问题。下面让我们以欧洲杯为例，具体解读借势营销的要点所在。

找点：事件与餐厅的结合点

如何从众多可借之势中找出一个好用的势是借势营销的第一步。如果说球迷这个群体在平时属于小众，那么在欧洲杯、世界杯等影响力巨大的比赛期间，这个群体将会快速从小众升级为大众。毕竟在社交层面，没有谁愿意承认自己对足球一无所知。

由于看球是一种自带社交成分的场景消费，潜在顾客的餐饮消费需求会明显增长。受众的基数变大了，经营者可以借助餐厅与球赛的联系，将更多真、伪球迷吸纳到自己的店里。伪球迷需要一个提供啤酒和夜宵的餐厅，真球迷则需要一个发泄情绪的场所。

构线：让顾客进入餐厅的线索

社会热点自带吸睛能力，是最容易借的势，往往也是风险最高的势。找好热点之后，一定要充分思考将潜在顾客与餐厅联系在一起的方法，万万不可生拉硬拽。

伪球迷通常会关注当下的强队或颇具性格的巨星，对比赛有时看重结果而非过程，有时则喜欢趣闻逸事。针对这些特征，餐厅的经营者可以强化传播他们感兴趣的信息。

而在真球迷眼中，足球是最能激发雄性荷尔蒙的运动之一，因此他们需要“黄健翔式”的激情解说，也会因偶像成败而产生剧烈的情绪波动。餐厅经营者需要为他们提供一个尽情发泄、沟通的场所。

借势营销的目的是扩大销售，所有成功的借势营销最终都会在销售上有所体现。销售是把产品和服务转化为收入，吸引到顾客仅仅是第一步，如何让顾客愿意掏腰包，产品生产和服务提供都是很关键的环节。需要注意的是，欧洲杯小组赛的时间集中在夜间，半决赛和决赛的时间则更晚，因此夜间出品能力也是餐厅经营者需要考虑的问题。在此基础上，餐厅还应尽可能地保持消费价格上的优势。

布面：全面布局传播渠道

1.KOL（关键意见领袖）。

在某档创投节目中，一名来美国华尔街的创业者分享了他在创业初期选择的市场战略——想尽各种办法，将自己的产品交到好莱坞一半以上的女星手中，让她们免费体验，以期获得她们对产品的评价。

这种借势 KOL 的做法得到了傅盛、童士豪、朱烨等著名投资人的一致好评，因为相比靠补贴砸市场的营销方式，借势营销往往具有更高的转化率。

KOL 绝不仅局限于明星或大 V，如果餐厅经营者肯花时间，总能以最小的代价找到当地的足球社群和足球领袖。他们在球迷这个垂直领域的影响力，甚至超过一些公众人物。将自己打造为

KOL 也是一个不错的选择，比如某家餐厅的运营者出于对足球的热爱，自创了运动社群，持续经营，慢慢地在足球圈内形成了一定的影响力。

2. 媒体。

餐厅经营者一定要能够充分理解媒体，让其为己所用。首先是自媒体，也就是餐厅自己的公众号。如果餐厅的经营者想让其拥有传播价值，切记两点：一是福利，二是便利。如果一个公众号除了发布消息，没有任何可操作的购买渠道和福利发布通道，那么就意味着这是一个无效的传播工具。如果这一个公众号具备购买、沟通、福利等功能，那么它就是有效的。比如，餐厅经营者可以配合这些便利功能，发布自己为欧洲杯准备的福利。

口碑媒体也是不可忽视的重要渠道之一，它们往往垂直于某一领域，内容相对全是软文、硬广的付费媒体更有说服力，这是花钱也买不到的传播渠道。唯一的做法就是通过每一次借势营销传达自己的品牌价值，与其建立联系。

3. 自发传播。

20 世纪 60 年代，哈佛大学的一位社会心理学家设计了一个连锁信件实验。他将一套连锁信件随机发送给居住在内布拉斯加州奥马哈的 160 个人，信中有一个波士顿股票经纪人的名字，还要求每个收信人将这套信寄给自己认为比较接近那个股票经纪人的朋友，确保朋友收信后会照此办理。最终，大部分信在经过五六个步骤后都到了该股票经纪人手中。这就是著名的“六度空间”实验。

福利绝不简单等同于促销，用价格换流量是对品牌的一种伤害。如果经营者想要打造一个有影响力的餐饮品牌，不妨效仿“六度空间”的玩法。顾客与顾客之间的口碑传播，才是一家餐厅“温度”的体现。

俗语说，“一口不能吃成个胖子”，应用到餐饮营销领域中就是不要企图通过某次借势营销招揽到所有的顾客。借势营销的前提是明白餐厅自身的品牌定位，就像一个专攻老年餐饮的餐厅不适合借欧洲杯话题大做文章一样，找准目标群体是借势营销首先要明确的问题。

从“节日营销”到“节日赢销”

年年岁岁“节”相似，岁岁年年“市”不同。近几年，餐厅对于节日活动越来越敏感，连白色情人节、七夕节这种原本并没有多少存在感的节日，都被打造成促销噱头，消费者也慢慢地被培养出节日消费的仪式感。

无论什么节日的营销，节日本身都只是一个发起营销活动的借口而已。利用节日进行促销是从古至今百试不爽的营销手段之一，大量商家会在这一天推出优惠、折扣。随着顾客眼光的日益挑剔，大部分节日营销其实只是赚了吆喝，并没有对餐厅实际提升营业额产生实际帮助，事倍功半。因此，如何实现从“节日营销”到“节日赢销”，是餐厅经营者需要关注的重要问题。

有研究表明，消费者对某产品的态度其实归纳起来可以分成七种（见图 6–11）。

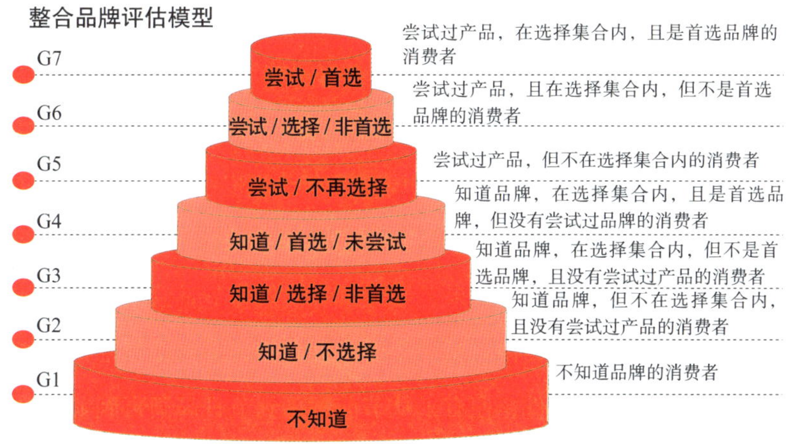

图 6–11 消费者对产品的七种态度

以上七类消费者分别对应品牌认知经历的七个阶段：

不知道产品→知道产品→产生购买意愿→产生购买行为→加深对品牌的感知→有再次购买意愿→成为首选品牌。

因此，从餐厅角度出发，节日营销不应再是打个折、做个广告、搞个团购这些老套路，应该围绕以“顾客为中心”展开。提高节日业绩只是一方面，更重要的是夯实并扩大顾客基础。通过充分挖掘情感卖点，激发和满足消费者的情感需求，让客户在消费过程中感受到企业的真诚服务，以此赢得客户的信任。要知道，节日营销是整个营销规划的一部分，而不仅是短期的售卖活动。

在进行节日营销之前，餐厅经营者有必要了解一下节日营销的 5W 模式，根据自己的产品特点选择合适的营销策略：何时（when，节前几周开始实施活动计划）、何地（where，通过超市卖场，还是其他途径）、通过何种方式（which，确定传播方式）、要解决什么问题（what，适合节日的主题）、向谁传达（who，大众消费者还是某固定群体）。

具体来说，节日营销需要注意以下几点。

1. 正确理解节日。既然是节日，必有“节气”。餐厅经营者可以在此基础上进一步挖掘消费者对于每个“节气”的独特印象，如顾客对春节的印象就是传统、鞭炮、团聚、拜年、压岁钱，这些便是春节营销的起点。说起情人节，顾客的印象则大多为玫瑰花和巧克力。

2. 把节日当成事件。如果餐厅经营者仅仅将节日营销视为节日当天进行的营销活动，便只是一个时点性营销，最多维持七天。如果将节日看成一次事件，便有了从节前序幕到节日高潮再到节后谢幕的周期。

那些收效甚微的节日营销通常都是餐厅经营者临时出招的游击战，而成功的节日营销通常提前两个月就开始策划，提前一个月拉开序幕，因为这需要借助其他平台和渠道的流量。做好团队内部的反复推敲与磨合还不够，关键还得提前预约广告位。

3. 善用连环假日。连环假日最能体现中外节日文化对顾客消费的影响，时间跨度比较长，中间能够形成几个营销高潮。连环假日包括：

（1）感恩节、圣诞节、元旦、春节、元宵节、情人节。

（2）教师节、中秋节、国庆节。

（3）五一节、母亲节、六一儿童节。

善用连环假日，需要餐厅经营者统一策动连环节日，推出环环相扣、高潮迭起的一系列营销活动。

4. 人为“造节”。俗话说得好，“有机会得上，没机会创造机会也得上”。对于餐饮老板而言，所谓的创造机会就是指“造节”。提起“造节”，不得不提美国的超市餐厅 Eataly，其餐厅综合体中的每家餐馆都可以为了营销制造更多的特色节日，已经成功推出了包括

Meatless Monday（无肉星期一）、National Beer Day（国家啤酒日）、Anti-Valentines's Day（反情人节日）在内的各种节日。

在人为“造节”方面，国内餐饮品牌也不甘示弱，外婆家、西贝莜面村等都已试水“造节”，并取得了不错的市场反响。

（1）“造节”应由创意驱动。创意是“造节”的大前提，目的是让餐厅的营销活动变得更有意思，以此激发消费者强烈的参与感，进而引发传播。

（2）“造节”以“易记”为原则。值得一提的是，“造节”应尽量选择朗朗上口或更易记忆的某个日期，才能节省教育消费者的成本，促使节日被更快地传播，以达到提高品牌知名度和渗透性的目的。

三家外卖巨头为我们提供了成功的示范。比如，美团“5 · 17吃货狂欢节”，饿了么“5 · 17饿货节”，百度糯米“5 · 17吃货节”。为何选择5月17日这天？此日期本无任何特别，只因5 · 17是“我要吃”的谐音。加上三大品牌合作造势，形成了广泛传播，使之一举成为外卖届的“双十一”。

（3）“造节”需要连贯性。成功的“造节”，一定是连贯的、可持续的。比如，外婆家已经持续四年的“6 · 2外婆节”，已成功举办四届的西贝莜面村“亲嘴打折节”。餐饮品牌需要长期的投入和经营，不能持续的节日往往仅是昙花一现，无法真正实现餐厅的营销意图。

餐厅在过节时推出活动，能够给顾客带来与平时不同的消费感受，增强顾客对于品牌的印象，也在一定程度上增加了顾客黏性，可促进二次消费或多次消费。节日营销的重点是吸引品牌转换者成为品牌信奉者，重要的并不是吸引多少顾客进店用餐，而是吸引顾客进店之后如何转换他们并留存。最终，让这些人成为你的二次消费顾客。从操作上，应特别注意，折扣也好，降价也好，都有它的替代方式。切记，打折不如抽奖，抽奖不如买赠，买赠不如积分。

移动互联网时代的营销新宠

新的传播入口总是比老入口的效率更高、成本更低、流量更大。这一点很容易理解，就像无论多大体量的纸媒都在纷纷转型做新媒体，许多传统媒体人都纷纷转行自立门户；就像南方企业家魏寒枫做现代农匠、央视罗振宇做罗辑思维。伴随着新媒体平台的快速崛起，一种全新的餐饮营销方式也由此诞生——新媒体营销。

顾名思义，所谓新媒体营销就是指一种利用新媒体平台为品牌做营销的模式。在网络媒体的冲击之下，众多餐饮品牌开始广开渠道：微博、微信公众号、直播平台、知乎、百度知道、搜狗问问……一时间，新媒体营销成为众多餐饮品牌争抢的香饽饽，大有不做新媒体营销就跟不上时代发展的脚步之势。下面介绍餐饮企业使用频度最高的两种新媒体运营方式，以供参考。

运营微信群

在考虑运营微信群时，餐厅经营者必须想明白以下几个问题。

1. 为什么要运营微信群？有些餐厅经营者运营微信群是为了“影响力”，也有些是为了“社交安全感”，还有些是为了“一次营销活动”。餐厅需要微信群的原因只有一个：当线下关系无法满足品牌传播时，线上关系便是必须要付出和维护的。请记住，微信群的意义只有一个——聚集一群有相同爱好、相同地域、相同需求等属性的人。

2. 谁是你的粉丝？粉丝是顾客吗？有可能是，但不是的可能性也很大。很多微信群之所以成为僵尸群（终日沉默的无效微信群），很大一部分是因为“共同情感”的缺失。这种情感既需要先天存在，也需要后天维护。一个餐饮品牌微信群的正确粉丝聚集方式有以下几种。

（1）具有品牌忠诚度，对品牌价值观高度认同（这种对品牌膜拜式的社群往往需要餐饮品牌有超强的感召力）。

（2）由于品牌价值观的传递，聚集了一群有共同爱好的人。他们聊的内容可能和品牌没有太大关系，但门店成为他们的聚集点。

（3）和老板关系非同一般，既是顾客，也是朋友。这种社群往往较为小众，规模不会太大。

（4）有相同而单纯的目标，比如“订座”“抢饭”“限时优惠”等。虽然看似庸俗，但是能充分解决某一个具体需求。

3. 微信群的规模多大合适？在微信运营中，你需要的是核心粉丝群，而不是全部粉丝群。无论一个群有多么活跃，它同时在线的聊天人数一般不会超过 5 个。试想一下，超过 5 个人在你耳边同时说话，是多么“喧闹”的场景。如果餐厅运营的是500人的大群（微信群的上限是 500 人），剩下的 495 人会因不堪其扰而屏蔽掉这个群。久而久之，这个群也就变成了僵尸群。

小群的意义则完全不同。再试想一下，当你和 499 人同处一室的时候，你可能最多只会选择认识周围的一两个人；而当这间屋子里只有 10 个人的时候，你可能会尝试认识所有人，而不会感觉有压力或者反感。

所以，当餐厅经营者希望构建一个社群进行新媒体营销时，请构建一个由真正铁粉组成的种子用户小群，而不要尝试构建几个毫无用处的超级大群。

4. 弄清楚运营微信群的关键。

（1）有明确的目标。餐厅经营者可以直接将群的功能作为微信群的名字——订餐打折群、每周抽奖群、当日秒杀群等，一目了然。在共同目标的驱使下，每个群友都会明确群对于自己的意义，绝不会随便退出，甚至在将手机设置为静音之前也要想好利害关系——错过秒杀可就不好了。

（2）有时间规律。时间规律对于群友的约束力和号召力有时候会大得超乎想象。餐厅经营者不妨适当设置一些时间游戏，比如每周五晚 8 点准时发放秒杀折扣券等。

想明白以上四大问题，餐饮品牌微信群的运营目标会更明确，运营难度会大幅降低，营销与宣传效果也更容易实现。餐厅经营者不用再处心积虑地设置游戏来活跃气氛，也无须挖空心思来帮助群友寻找共同话题。微信群对于成员的意义简单清晰，大家各取所需即可。

平台推广

餐饮企业新媒体营销的另一种模式，是在本地美食推荐账号或本地生活服务类账号上进行推广。通常情况下，这类投放有明确的报价，平台拥有不止一个账号资源，为了保证阅读量还可以推出打包套餐。这些数据的真实性有待考察，毕竟找人刷阅读量、转发量早已不是一件难事。

某餐饮企业曾尝试在当地某阅读量较高的美食自媒体上做推广，期待能让生意提升一个台阶。文章在当天晚上9点开始推送，到深夜1点浏览量为4000左右，而到了深夜2点，浏览量已经飙升至30000多。问及原因，这家自媒体给出的竟然是“粉丝全是半夜看推送”这样一个令人啼笑皆非的答复。

为了考证数据的真实性，餐厅经营者可以关注ROI（投资收益率）数据。如果ROI大于100%，则这次新媒体营销比较有效；反之，则不妨换一个平台试试。

打个比方，如果某餐厅花了20000元在某平台上做推广，最终带来500人次的到店转化量，产生了30000元的营业额，那么该次新媒体营销的ROI为50%[（30000－20000）÷20000×100%]，这样的数据比较有说服力。

那么，如何才能有效跟踪平台推广带来的转化量呢？其实不难。推广可以针对特定活动，比如顾客凭分享、转发在某平台发布的文章，享受到店八折优惠。餐厅经营者仅需为此活动编写特定的代码进行记录，就可以得出有效的统计数据。

当然，有些推广并不是为了带来直接转化量，而是品牌建设的一部分，因此这种方式并不全面。为了让大家更好地分辨平台数据的真假，我们以微信为例介绍几种小技巧。

1. 看阅读量变化。正常的公众号阅读量总会有高低起伏，如果某公众号的阅读量特别稳定，那么其真实性则存在很大问题。

2. 看阅读量和点赞数的对比。正常的点赞数会随着阅读量的增长而增长。有些公众号很“特别”，当阅读量达 10000 的时候有 100 个赞，阅读量 20000 的时候却只有 102 个赞，这种公众号的可信度较低。

3. 看转发量、收藏量。好的文章大家会转发或收藏，如果某个平台的转发量和收藏量都特别低，那也应引起警觉。

4. 看月平均阅读量趋势。月平均阅读量的变化能反映一个公众号的发展趋势。正常来说应该平缓增长，突然出现数据猛增，除非发生了引爆性事件，否则很可疑。

前文用了较大篇幅介绍餐厅新媒体营销普遍使用的两大方式，而新媒体营销的根本目的是获取流量，具体做法大致归结为以下三种。

多渠道展开

俗话说，不能把鸡蛋都装在一个篮子里。在这个渠道为王的时代，如何进行渠道搭配会对餐厅的新媒体营销效果产生极大影响。

> 乐凯撒是从深圳走出的一家主打榴莲比萨的人气品牌，从 2009 年创立至今，已在全国开设超过 140 家直营门店。乐凯撒如此迅速发展的原因，除了其产品过硬之外，更离不开营销的支持。
>
> 创始人陈宁一直以来的重视，让乐凯撒在营销方面玩出了自己的花样：在新品上市、限时促销和重要门店开业等时间节点，乐凯撒会在微信、微博和线下全渠道进行集中爆发性的投放，其中微信的比例为 30% 左右。乐凯撒选择的微信公众号以“在沪、广、深当地具有地域属性和符合客群定位的美食微信公

众号”为主，原因在于具有地域属性的公众号辐射的都是区域内的用户，而全国性的自媒体的点击量可能会更高，但对于餐饮企业而言，到店消费才是实打实的转化率。

多渠道展开的好处不言而喻，曝光率高、关注量大，尤其是在新店开业的引流方面。乐凯撒每进行一次多渠道营销，便会让餐厅的周营收增长 20% 左右，有时甚至可以达到 30%。

让老客户帮你寻找新的目标客户

通过老客户寻找新客户的新媒体营销方法，在很多互联网企业里被广泛使用，比如分享给好友得优惠券、介绍好友注册得代金券等。在更为落地的餐饮业中，老顾客基于对餐厅产品和品牌的了解，总会有意无意地将餐厅的新媒体营销活动推荐给那些和他有相同喜好的朋友，相当于帮餐厅过滤了一遍潜在顾客。这种新媒体营销方式的关键，在于餐厅经营者需要调动起老顾客的参与热情。

传统营销也好，新媒体营销也罢，变的是渠道，不变的是试图打动人心的本质。回归到根本，营销只是手段，产品才是基石。

案例

西贝莜面村的“亲嘴打折节”

当很多企业打着传统节日的名义促销时，一些颇具前瞻性眼光的企业已经在营造专属的节日。比如淘宝的“双十一购物狂欢节”、小米的“米粉节”等。在餐饮业，西贝莜面村也打造了一个属于自己的营销狂欢日——“亲嘴打折节”。

“亲嘴打折节”的创意最早出现在2015年底，主要内容为消费者用不同的接吻方式换取折扣力度不一的用餐打折券，在西方情人节当日享受相应折扣。2016年2月14日，第一届“亲嘴打折节”正式举办，2017年的第二届“亲嘴打折节”加大了执行力度，赢得了顾客和业界的一致好评。

节日层面：当推崇“爱”的西贝碰上传播“爱”的情人节

“爱”“有情人”等字眼是人们对于情人节的第一印象，而西贝莜面村选择在情人节这一天举办“亲嘴打折节”，自然也不会脱离对节日本身意义的思考。接吻是爱的传递方式，所以西贝莜面村选择了看似“露骨”、实则一针见血的活动形式，以“亲个嘴，打个折”为主题，鼓励有情人勇敢地用亲吻来表达相互间的爱意。事实上，这个营销主题自然地融入了西贝莜面村的企业文化和理念——爱，因此在西贝莜面村内部被毫无争议地全面、迅速执行。

“如果爱没有增加，一切都没有改变。”在西贝莜面村创始人贾国龙眼中，爱是一切感情最真挚的表达，是最无法欺骗的感情，也是西贝莜面村最核心的价值观。当推崇“爱”的西贝碰上传播“爱”的情人节，“亲嘴打折节”的诞生便成了水到渠成、顺理成章的事情，无非就是时间早晚而已。

一反“拒绝打折”的常态，西贝莜面村积极地在公众号上推出亲嘴打折消息，在店内张贴情人节巨幅海报，将沙漏颜色全部替换成温馨的粉色，门口布置了浪漫的接吻舞台……一切的准备只有一个目的，鼓励人们勇敢地表达自己的爱意。

创意层面：用心良苦的活动方案

西贝莜面村在活动方案的创意方面，可谓用心良苦：非现场参与者必须上传照片，以此获得优惠凭证，但只可在2月14日活动当天兑现。试想一下，顾客克服重重心理障碍，将亲吻照片上传至西贝莜面村的官方公众号，并在得到官方确认后，才能拿到相应的折扣凭证。由于前期花费了大量的心理和时间成本，活动当日只要没有出现大的变故，拿到了折扣凭证的顾客大多都会前往西贝莜面村的各大门店用餐，即便排队等位，也不会另投他家。

活动层面：现物、现场、现实的“三现”主义

现物

在“亲嘴打折节”活动前夕，西贝莜面村不仅投放了地铁、楼宇等户外广告，还在活动现场进行了大量曝光：在各门店门口放置海报、拉网展架、易拉宝和水牌等；在门店内部准备台卡、吊旗和宣传单页；活动当日店内还专门安排了红气球、员工脸上的红唇以及活动的头箍……

现场

与此同时，在购物中心内部西贝莜面村也做了大范围的“现场曝光”。从商场入口到直梯、扶梯，再到楼层的指引，都能看

见活动的宣传条幅海报。比如，西贝莜面村的某门店位于购物中心六层，他们便在楼层指引上添加活动宣传信息（见图 6–12）。如果商场有巨大的中庭，他们还会在中庭做一幅宽大的吊幔。

图 6–12　楼层指引上的活动宣传信息

现实

活动期间，西贝莜面村别出心裁地选择了路演的形式来增加现实的互动——在核心城市的核心商圈中的 24 家门店，西贝莜面村均进行了路演。在路演现场，主办方专门请到了外国模特和顾客进行互动，还为顾客提供照片打印服务。在顾客接吻的瞬间，主办人员会帮顾客拍一张照片，由顾客选择将照片留下或带走。

新媒体层面：线上造势宣传

任何活动，前期的宣传造势都必不可少。西贝莜面村充分借助新媒体的力量，在线上对活动进行了大量预热。为了达到理想的宣传效果，西贝莜面村可谓煞费苦心。

地域选择

西贝莜面村倾向于选择北京、上海、广州、深圳等地的地域性大号进行推广，希望能聚合一线城市的主流消费人群。

媒体类型选择

西贝莜面村认为营销大号的导流效果，不如中小V意见领袖，尤其是垂直行业的KOL，因此它更偏向于与母婴、情感、时事等性质的垂直行业大号合作，以期多角度触达不同人群。

平台选择

1. 微博。在西贝莜面村第二届“亲嘴打折节”的活动传播媒体矩阵里，微博是最主要的战场。在活动期间，西贝莜面村主要使用“西贝亲嘴打折节”“亲嘴打折节，爱能当饭吃”“2 · 14西贝亲嘴打折节”三大主题贯穿整个活动，这些话题的阅读量和相应讨论数如图6–13所示。

新浪微博话题阅读量 5228万

性质	话题名称	阅读量	讨论数	发起人
自媒体	#西贝亲嘴打折节#	3389万	1769	西贝莜面村
付费媒体	#亲嘴打折节，爱能当饭吃#	1641万	2448	投放大号
赢得媒体	#2 · 14西贝亲嘴打折节#	198万	1251	善良酱

图6–13　微博话题阅读量和相应讨论数

2. 微信。西贝莜面村官方微信发布的三条活动消息，累计阅读量达到 52 万，其中单条最高阅读量达到 28 万。此外，西贝莜面村投放的微信大号，也带来了 80 万左右的累计阅读量。很多受众通过微信朋友圈，对活动进行了自发性的扩散和传播。

传播节奏

西贝莜面村提前一周（2 月 8 日至 14 日）便开始在各类平台陆续发布活动信息，核心城市先行，个人性质的自媒体大号紧随其后。活动结束后，还会专门在各大媒体上发布一些总结性的文章，希望能够延续活动的热度。

此次活动的线上传播效果显而易见，从 2017 年 2 月 8 日至 2 月 14 日，关于“亲嘴打折节”的百度搜索指数增长了 1180%，新浪微博话题的阅读量累计达到 5228 万。相较数据，西贝莜面村更加重视活动过程中和粉丝的互动与讨论，尤其是通过媒体传播和顾客发生一对一的链接与陪聊。

一次成功的营销，并不意味着餐厅的持续火爆，西贝莜面村“亲嘴打折节”最大的收获，或许不是短时间的营业额暴涨，而是通过活动与顾客产生一年一次的链接，让顾客对品牌加深印象。“亲嘴打折节”无疑是个案，不可简单复制，它在营销模式上的做法却值得广大餐厅经营者思考和借鉴。

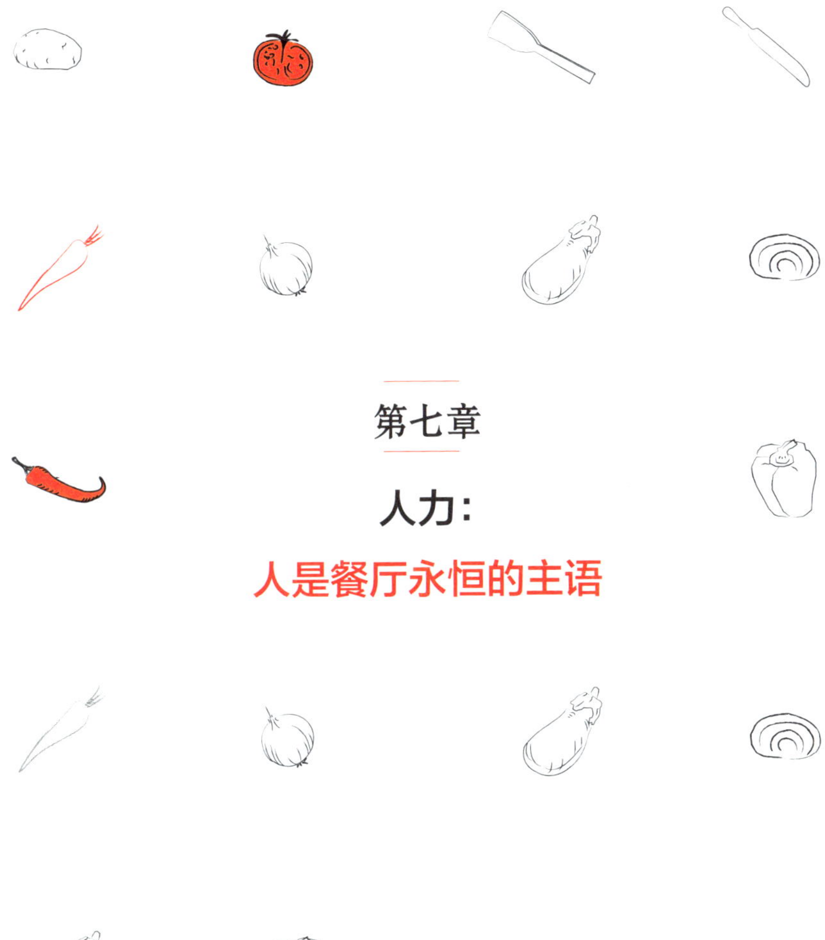

第七章

人力：人是餐厅永恒的主语

餐饮行业本就是劳动密集型，有“人”不一定行，没有“人”却万万不行。人力管理是餐厅一切工作的重中之重。没有合适的人才，自然无法为顾客维持良好的用餐环境，菜品和服务的质量也会大幅下降，进而影响顾客的用餐体验和满意度，导致新顾客拒绝上门，老顾客也从此一去不返，形成恶性循环。

在人的问题上，制度和金钱同样有效，真正的技巧就在于如何设置科学有趣的游戏规则，然后雷打不动地执行它。

喜悦的员工是第一生产力

餐饮业的人员流动率始终居高不下。虽然相比科技型与销售型企业，餐饮企业较高的人员流动率的危害并没有明确表现出来，但很多餐饮企业正在遭受人才流失的危害。

第一，后厨人员的流失影响产品质量。通常来讲，产品质量是餐饮企业吸引消费者并且留住老顾客的核心因素，一旦后厨人员流失，会对产品质量和顾客消费体验产生不良影响。对于主厨级别的人才流失所造成的危害，不用过多描述，人们就可以体会。但是，不要以为只有这些高端人才的流失才会对餐厅运营带来伤害，即使一个切配员也有可能对整体烹饪过程产生影响。缺少人手导致菜品制作流程滞后，这对于要求火候与技法的餐品来说，十分致命。同时，人手不足也会造成工作进度缓慢，从而延长顾客等待上菜的时间，影响顾客的消费体验。

第二，除了提供产品的后厨以外，前台服务人员也是餐饮企业重要的人力资源。如果服务人员频繁更迭，一方面企业不得不拿出大量的时间、精力和资金持续培训，另一方面也不得不面对因服务人员工作不熟练造成的差评和埋怨。资深服务人员的流失甚至有可能造成老顾客一去不复返。一般情况下，顾客并不会直接与后厨联系，而是通过与服务人员沟通，将自己需要的菜品类型和口味要求告知后厨。在这个过程中，顾客与服务人员之间随着消费次数的增多，会逐渐建立一种类似友情的紧密关系。

马未都先生曾经在一个节目中回忆自己去全聚德就餐的经历。全聚德的服务人员对待老顾客并不像对待新顾客那样小心谨慎、面面俱到，相反，他们在和老顾客对话时更像朋友之间的插科打诨。那次，马先生的要求不但没有被满足，反而被直接安排了“老几样”，不过马先生并未因此感到不满，而是欣然接受。

这体现的其实就是老顾客与服务人员之间的默契。如果资深的服务人员离职，虽然与其有情感联系的老顾客的感觉并不会像尝不到熟悉的菜肴那样明显，但毕竟存在，老顾客很有可能会流失。

第三，从当前的市场形势来看，劳动力的素质提升了，数量减少了，人力成本正在上升。这意味着企业的招聘成本越来越高。对于企业来说，一有人员流失就得招聘，俗话说“一个萝卜一个坑”。在人员更迭过程中，企业不得不承担巨大的薪酬成本。实际上，中国的餐饮企业，尤其中小企业大多走的是薄利多销的发展道路，在人力方面投入的资源过多，对经营是非常不利的。

那么，我们应该如何保持员工队伍稳定性，从而减轻因人员流失对企业造成的影响，并降低人力成本呢？对于这个问题，我们可以先分析一下员工流失的主要原因。通常来讲，员工离职的主要原因有两种，一是对薪资不满意，二是对企业管理者或者工作环境，甚至同事不满。归根结底，其实都是因为员工不高兴了。

员工是餐饮企业的核心。员工、营业额、顾客、利润这 4 个重要因素之间的关系，如图 7–1 所示。心情愉悦的员工能够自我驱动，提供更高质量的服务，提升顾客的消费体验和企业的口碑。在优质体验和口碑的推动下，顾客的数量会逐渐增加，餐厅的营业额也会水涨船高。与此同时，企业的利润也会相应提高。最终，利润的提升会给员工带来薪资的增长和成就感，进一步强化员工的喜悦程度，并提高服务质量。在这种周而复始的正向力量的推动下，员工、顾客、企业都得到了自己想要的结果，良性循环因此形成。员工在心理和物质的双重激励下，自然不会轻易离开。

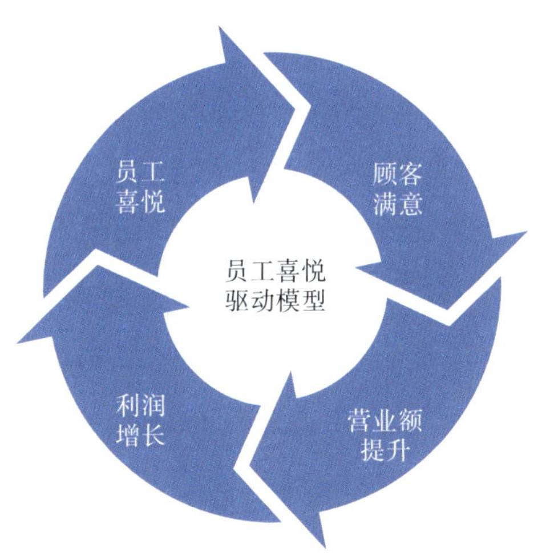

图 7–1　员工喜悦驱动模型示意图

说到这里，解决问题的方法也就非常明确了——重视对员工的关怀和培养，把他们作为企业的内部顾客来看待，并且制定行之有效的人力政策，提升员工对企业的认同感。总而言之，要想方设法让员工保持喜悦心态。

提升员工对企业的认同感

影响员工对于企业满意度的因素可分为物质和心理两类，这两类因素相互影响。对于餐饮企业来说，应更多地从心理层面让员工满意。物质激励可以相应减少，将资金用于餐厅发展。我们怎样才能让员工有足够的心理满足感呢？

关于这个问题，其实很多餐饮企业经营者在创业初期都找到过答案，但是在不断经营和扩张的过程中，他们遗忘了答案。在创业初期，经营者往往会搭建一个较全面的经营班底。因为缺少外部投资，餐饮企业在起步阶段经常面临资金短缺问题，员工也只能干最累的工作，拿最低的工资。在这种情况下，员工的离职率应该非常高，但事实却恰好相反。因为在搭建创业班底的时候，经营者会向员工描绘企业的理想和发展蓝图，员工通常也会因为对企业的认同感，把企业当作自己的企业，十分重视企业的发展，不会过于计较当下的收入情况。

对于餐饮企业来说，员工对企业的认同感提升了，人员流失就会减少，为企业节省招聘和培训成本，也避免了人员频繁更替造成的餐厅服务和品质不稳定问题。最关键的是，通过提升员工对企业的认同感，能够让员工融入企业，从公司利益的角度考虑问题，不会过于计较个人得失，保持喜悦心态。

在提升员工的认同感的过程中，有三个需要注意的关键节点。

1. 招聘。招聘是企业筛选人才的第一步，也是提升员工认同感的基础阶段。在招聘过程中，我们需要对应聘者的价值观进行严格的考察，将他们的价值观与企业的核心价值观进行细致的比对，并选择价值观与企业的核心价值观高度契合的应聘者。当员工的价值观与企业的核心价值观一致的时候，员工看待问题、解决问题的方式也会贴近企业的标准模式。这样的员工更容易和企业产生共鸣，形成强烈的认同感。

2. 培训。很多餐饮企业在培训员工的时候，都会着重提升员工的业务能力。其实，这种方式存在问题，虽然业务能力很重要，但如果留不住有经验的员工，一切都是白费。培训的过程也应该是让员工认同企业的过程。只有这样，才能保证培训效果。

在培训课程中，我们应介绍企业的发展历史和未来愿景，以及现有的成就，让员工尽可能全面了解企业。同时，也要在企业文化中植入以人为本的元素，让员工在学习过程中感知企业对员工的关怀，加强他们对企业的认可程度。

3. 团队建设。员工对企业的认同感并不是一成不变的，随着企业的发展，以及员工个人需求的变化，这种认同感也会变化。这就意味着，通过培训让员工有了认同感之后，我们还要定期进行团队建设，以便将企业最新的成绩通报给员工，同时通过各种活动，让员工与企业保持互动，从而维持认同感。

关怀和培养员工能让员工保持喜悦心态。肯德基和麦当劳会定期组织员工大会，通过交流、游戏等方式，让员工感受团队的快乐氛围。员工快乐了，自然会把这种快乐传递给顾客。

制定有效的薪酬激励制度

90 后已经成为劳动力群体的主力，他们既容易被共同的理想吸引，进而形成认同感，也容易被物质激励，进而提升内心的满足感。所以，制定有效的薪酬激励制度也是让员工快乐的措施之一。

一般来讲，餐饮企业大多实行岗位工资制，就是根据工作内容和岗位级别确定薪资。之所以采用这种薪资制度，主要是因为餐饮企业的工作通常无法准确记录业绩或者效果。一些大型餐厅的服务员通过推销酒水，能得到相应的提成。因为酒水本身利润较高，所以大型餐厅依然可以赢利，也可以激发服务员推销酒水的积极性，但中小型餐饮企业并不具备这种条件。

大多数餐厅的员工的工资基本是固定的，除了升职，几乎没有其他加薪途径。其实这对于员工非常不利。随着工作年限的增加和个人身份的变化（结婚、生子），人的需求也会提升，固定薪资的吸引力就会逐渐降低。当梦想照进现实时，员工对企业的认同并不能转化为维持生存的面包。

解决这个问题的方法其实非常简单，只要让员在岗位工资基础上，获得额外的一些收入即可，比如，加入工龄工资，让老员工的工资逐年上涨；又如建立奖励制度，每个月从利润中拿出固定比例，用于奖励努力工作的员工等。

要想让薪酬激励制度有效，关键在于让员工看到薪酬实际的提升。工资涨了，员工的生活水平就会提高，也会感受到企业对自己的重视，也更愉悦。

很多人可能会觉得，通过涨工资来让员工保持喜悦，好像与我们通过让员工喜悦实现节流的初衷不符。实际上，在激励员工方面投入的资金比为培养一个零经验的员工投入的成本少得多。尤其是在新员工成长的过程中，公司要给员工发工资，并承担培训成本。老员工的工作积极性提升了，对于企业的推动是可预见的，但在新员工身上的投资能否得到回报，通常是未知的。

节流并不是不花钱，而是花最少的钱，办最多的事。能在不投入额外资金的前提下，通过提升认同感让员工保持愉悦自然是最好的选择。但有时，合理的薪资提升也能以更低的成本让员工高兴。

提升人效的三大方法

在讲解提升人效的具体方法之前，我们先了解一下什么是人效。人效又称劳效，即人均劳动效率，代表一个公司或团队的劳动力优秀程度。一般来说，人效高的企业福利待遇好，更有竞争力。

所以，提升人效对于企业发展的重要性不言而喻。人效是不是越高越好呢？对于生产销售型企业来说的确如此，因为人效的提升意味着在单位时间内企业可以生产、销售更多的产品，获得更多的利润。

对于餐饮企业来说却并非如此，因为单位时间内顾客的数量基本固定，如果人效提高的速度超过顾客数量增长的速度，就意味着餐饮企业会出现产能过剩。问题的关键在于，人效的提升往往伴随着待遇的提高。简单来说就是，一个能够同时服务 20 名顾客的厨师入职一家单位时间只有 10 名顾客的餐厅，虽然他的工作量只有之前的一半，但企业依然要付出匹配他原本能力的薪酬。

在这样的情况下，厨师只需要平时一半的工时就能完成全部工作，剩余的一半等于闲置。对于餐饮企业来说，这无异于资源浪费，不仅没有节省人力成本，反而加大了投入。对于餐饮企业来说，最佳的状态应该是员工的生产服务能力与餐厅顾客数量恰好对应，人效的增长与顾客数量的增长也保持在一个相对一致的幅度。这样才能保证有效工时，同时平衡人力成本与顾客满意度之间的关系。

大多数中小型餐饮企业的人效普遍较低：一方面餐饮企业为了保证服务能力，需要一定数量的员工为顾客提供及时、准确的服务；另一方面，经营餐饮企业面临的不确定因素有很多，为了趋利避害，企业会雇用更多的员工以备不时之需，这种情况也和餐饮企业招工难有一定关系。

很多餐饮企业为兼顾堂食与外卖（外卖对于时效性的要求比较高），会在前台安排两名服务人员，一人负责为堂食顾客服务，另一人负责外卖订单的分类、打包以及与骑手对接。

后厨的设置也会因为这种双渠道经营模式而产生变化。一般来讲，小型的餐饮店只需要一名厨师，因为服务能力有限，顾客数量不会太多。外卖则不同，不涉及店铺接待能力，下单的数量也没有限制。为了避免因工作量大导致的出餐效率下降，餐饮企业会多招聘一名负责外卖订单的厨师。

这种设置其实并不合理。首先，员工数量增加会提升人力成本。其次，这种方法很难充分挖掘员工的潜力。其实，在选择增加人手之前，餐饮企业经营者应该先尝试提高员工的人效。如果通过提升人效就能够完成工作，也可以节省部分人力成本。

餐饮企业提升人效的方法，如图 7–2 所示。接下来，我们会进行详细的阐述。

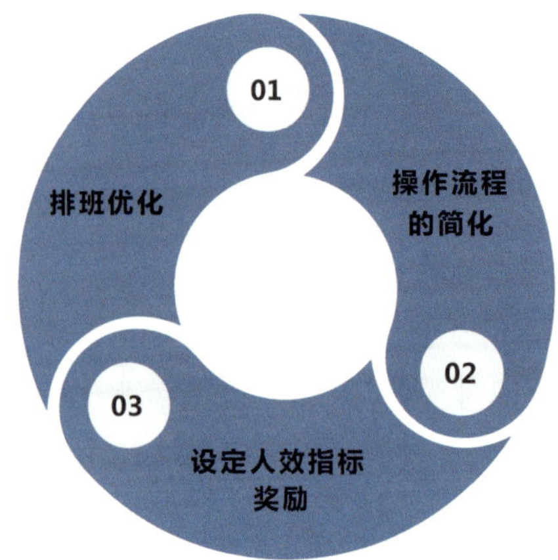

图 7–2　提升人效的三大方法

排班优化

餐饮企业可以采用兼职、全职并行的用工制度，充分应对消费高峰和低谷。排班时，需要根据预估营业额或预估单数严格限制小时或工时。如果营业额或者单数没有达到预估水平，我们可以通过调整计时员工的工作安排，进行人员的调配。关于这一点，我们在前面的章节中进行了分析，这里不再赘述。企业还需要将人效考核作为店长的指标之一，强调提升人效的重要性，以此让店长进行严格的管理。

操作流程的简化

餐饮企业可以通过生产和服务的流程化、系统化来简化操作流程，帮助员工提升工作效率。

目前连锁型餐饮企业呈现两个特点，一是后厨效率很高，二是前厅（服务区）服务到位。通过大力建设中央厨房和供应链，大幅简化了后厨操作流程。前厅通过设置自助点餐机、回收柜、自助水吧，优化服务流程与动线，在保证服务质量的前提下，提升了服务效率。

餐饮企业应充分利用科技创新，提升厨房的效率，这就能直接减少对员工数量的需求，从而提升人效。

最经典的流程化餐饮店，应数海底捞在北京开设的智慧餐厅。在这家餐厅里，机械臂和传菜机器人取代了备菜和上菜的员工，将他们从重复的工作中解放出来。大量使用前沿科技的前提，是海底捞具备的完善的中央厨房和供应链，菜品在送到店铺之前就已经被加工成了统一包装的半成品，店铺只需要分门别类进行摆放，机械臂就可以直接按照顾客的需求进行抓取，并通过传菜机器人进行传送。同时，在海底捞智慧餐厅的后厨，洗碗工作也是由机器人来进行的。从备菜、传菜到回收、清洗，整个就餐过程都在科技的作用下形成了稳定的系统。在这个流程中，甚至不需要太多人工干涉。

设定人效指标奖励

企业可以计算门店的月均人效，以此作为标准，对高于月均人效的员工进行奖励。这样做是为了通过鼓励优秀员工，激发其他员工的动力，从而有效提升人效。

在具体过程中，我们首先要计算月均人效，其公式为：

月均人效 = 当月营业额 ÷ 当月所有员工出勤天数总和 × 标准全勤出勤天数（通常为 26 天）

算出月均人效之后，我们需要设置一个合理的奖励额度。人效奖的奖励基础是超出平均人效的部分，只要你设置的人效奖励金额低于这超出部分的 20%，对于企业来说就是有利的。

同时，这种根据人效设定的奖励也符合多劳多得原则。员工除了可以获得基本工资，还能获得额外奖励。最终企业和员工会实现双赢。

人效的提升意味着，我们可以用更少的人做更多的事，这对于控制人力成本具有非凡的意义。

案例

海底捞的人力管理环状体系

4 个创始人、47 平方米的店面、1 万元创业资金，这就是 1994 年海底捞起家时的全部资源。23 年后，海底捞成为拥有 152 家门店、员工接近 3 万人的国际餐饮品牌。按照海底捞联合创始人施永宏的说法："人力管理体系的搭建，是支撑海底捞走到今天，帮助品牌一步步突围的重要内容之一。"

海底捞的人力管理体系，涵盖员工招聘、员工培训、绩效考核、薪酬体系和晋升机制五大环节，每个环节背后都有亲情化管理的身影，共同构成流程和制度上的完整闭环（见图 7–3）。其中任一环节都很重要，容不得半点差错。否则，整个人力管理体系就会出大问题。

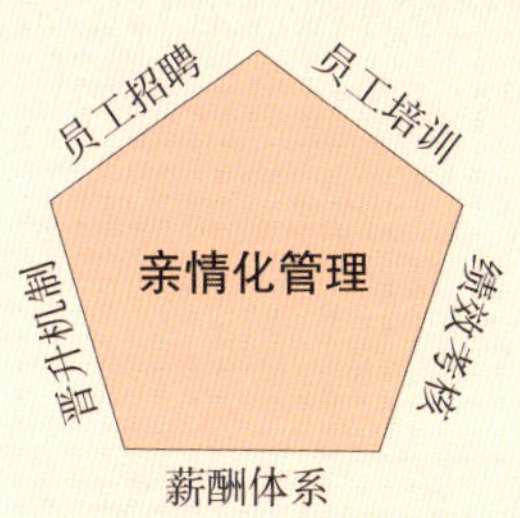

图 7–3 海底捞的人力管理环状体系

海底捞在员工招聘方面与其他餐厅的做法差别不大，在此不做特殊说明。让我们将目光投向员工培训、绩效考核、薪酬体系、晋升机制和亲情化管理五大方面，看看海底捞的人力管理体系有何独到之处。

员工培训：以心理暗示为重

海底捞的新员工培训一般是 8 天，入职培训的重点不是技能，而是给员工两大心理暗示：第一，我接受过专业训练，是正规军；第二，在海底捞工作有不断学习、提升的机会。当然，海底捞在培训方面也有些与众不同的小细节，可供餐厅经营者学习借鉴。

有困难找我

在员工参与培训的第一天，海底捞的培训师、大堂经理、后厨经理和店长都会将自己的手机号码告知每名员工，并告知员工有困难可以随时联系他们。

小集体

刚来的员工彼此之间都会存在陌生感，海底捞在培训时会将同一批次的新进员工分成数个以 20 人为单位的小集体。和集体中的另外 19 人打交道，总比和门店数百人同时接触容易得多，并且能够帮助员工迅速消除孤独感。

脱岗培训

海底捞的新进员工在培训阶段完全脱岗，只需要每天学 6 小时内容简单的课程，伙食和住宿条件都很不错，这让许多刚进城的员工深感满意。

绩效考核：五色卡考核法

海底捞将经营内容的全部范围分为五大部分，分别对应五种颜色的绩效考核卡片：红卡对应服务，黄卡对应出品，白卡对应设备，绿卡对应食品安全，蓝卡对应环境卫生。其中，出品、设备、食品安全和环境卫生四个部分能够量化考核，服务方面则难以做到准确量化。因此，红卡的考核内容仅包括服务的速度和态度。服务的速度又分为上菜速度、买单速度和出现客人投诉时的处理速度。

考核

海底捞采用的考核方式是由上级考核下级，再由专门的绩效考核团队完成对上级的考核。值得一提的是，绩效考核团队由富有工作经验的老员工组成，其中很多成员都曾有过担任店长的经历。具体的考核内容主要围绕客人、服务员和管理者三大维度展开。

（1）客人。在等候区，客人的情绪如何，是否存在东张西望到处找人，甚至大吼大叫的情况。进入就餐区后，客人是否存在高声呼叫服务员的现象。

（2）服务员。服务员是否存在聊天、打盹的现象。就餐区的卫生保持情况如何。

（3）管理者。管理者是否存在聊天、打盹的现象。

打分

考核之后自然就是打分。海底捞采取的是小区给门店打分的方式。考虑到每个区打的分值不一样，海底捞便采用了绝对值判断法，将分数设为 A、B、C 三个等级。打分机制推出后，员工之间形成了一种无形的竞争关系，每个人都在努力提高绩效分数。

绩效沟通

在得出绩效考核结果后，海底捞会派遣相关人员和被考核者（尤其是那些不认同考核结果的人）及时进行沟通。实际上，绩效沟通的过程也是一次员工培训过程。

员工激励，说白了就是用利益驱动员工自发奔跑。绩效考核结果必须与员工的薪酬和升迁挂钩，否则就等于做无用功。接下来，让我们看看海底捞的薪酬体系。

薪酬体系：一切为了效率

在薪酬体系的发展上，海底捞主要经历了四个阶段。

第一阶段：固定工资 + 奖金

最早加入海底捞的员工采用的是传统的“固定工资 + 奖金”的薪酬模式，这与大多数餐厅类似。

第二阶段：固定工资 + 绩效工资

在制定了自己的考核体系之后，海底捞开始推行“固定工资 + 绩效工资”的薪酬模式，绩效考核的结果与员工收入直接挂钩。

第三阶段：固定工资 + 绩效工资 + 利润分红

在这一阶段，海底捞拿出了部分利润给门店的员工分红。需要强调的是，并非所有员工都能参与分红，分红的标准还是绩效考核：A级员工分大部分，B级员工分少部分，C级员工没有分红。

第四阶段：计件工资

随着企业规模不断扩大，海底捞发现了一个较为严重的问题：由于各个门店经理水平参差不齐，每个门店的位置和规模有所不同，在人员编制方面存在大量的超编现象。如果继续推行以固定工资为基础的薪酬制度，无疑会浪费公司的成本。为了解决这一问题，海底捞决定取消原来的固定工资，取而代之的是计件工资，员工按照实际工作量取酬。这种薪酬制度的实施，在不增加公司总支出的基础上，让员工人均收入提升了20%~30%，明显提高了员工的工作效率。

例如，传菜组的工作量大，按照原有薪酬模式肯定不能减人，总不能为了节省成本让顾客饿着肚子等菜。实行了新的薪酬制度后，服务员发现端菜可以增加工作量，进而提升自己的收入，纷纷加入传菜队伍。没过多久，原来的“菜等人端”就变成了“人等菜出”，一举解决了人员编制问题、工作效率问题和员工收入问题。

和员工的体系不同，店长的薪酬体系为“基本工资 + 本店分红 + 徒弟店分红”。海底捞历来推行师徒制，店长带的徒弟越多，收入自然越高。

除了门店运营，职能部门的薪酬收入，能够核算的做核算，不能做核算的就做预算。

晋升机制：必升而非选升

升迁是激发员工学习的催化剂。海底捞为员工设计了清晰的职业发展路径，在培训期间就会向员工传达明确的晋升制度：必升而不是选升。员工只要在某个岗位上连续一段时间表现优秀，就可以直接实习下一个级别的岗位，合格后必然升职。从初级员工到小区经理，一步一个脚印，绝对不能越级升迁。

在每位新员工入职时，海底捞都会明确向其告知："海底捞现有的管理人员全部是从服务员、传菜员等最基层的岗位做起的，公司会为每一位员工提供公平公正的发展空间，如果你诚实、勤奋，并且相信用自己的双手可以改变命运，那么海底捞将成就你的未来！"

在海底捞，每一个层级的晋升都有极其严格的考核标准。考核分成很多项目，除了业务方面的内容之外，还有创新、员工激情、顾客满意度、后备干部的培养等多项内容，每项内容都达标方可晋升。

亲情化管理：把员工当家人

在刚性的绩效考核之外，海底捞推崇的亲情化管理也令业界称道不已，完美地体现了"把员工当家人"的企业文化（见图 7–4）。

海底捞十分强调对员工餐和住宿环境的关注。据相关调查显示，70% 新员工离职的原因是对于员工餐和宿舍不满意，这两个方面对新员工而言较为重要。因此，海底捞将员工餐定为一天四顿，早点和夜宵是糕点、油条和豆浆，而中午和下午两顿正餐则让员工始终拥有饱腹感。在住宿环境问题上，海底捞规定宿舍步行至门店不能超过 20 分钟，宿舍里面还配备了专门洗衣服的阿姨。

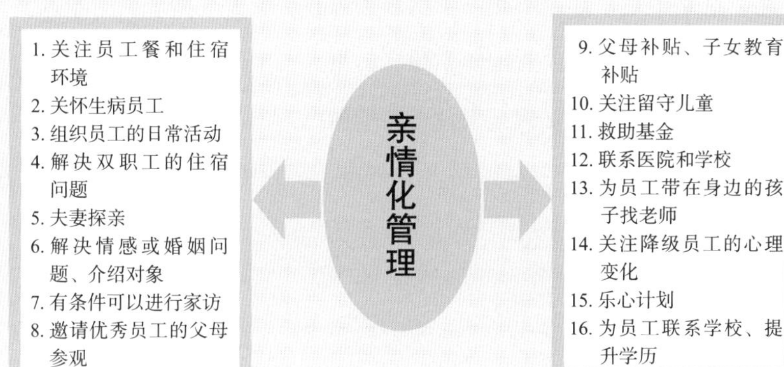

图 7–4　海底捞的亲情化管理

海底捞还会给员工带在身边的孩子找老师，找人与他们一起等待父母下班，以及向员工发放父母补贴和子女教育补贴等。父母补贴针对的是劳模功勋、大堂经理等一定级别的员工，以及采购等一些接触钱的岗位。在餐饮行业中，采购是一个较为特殊的岗位，行业潜规则较多，企业很难做到完全掌控。在这种情况下，海底捞希望员工的家庭参与对采购人员的管理，并为此发放父母补贴。子女教育补贴针对的是在海底捞工作满三年的员工，他们的孩子从幼儿园、小学、中学到大学都享有教育补贴。

此外，解决情感、婚姻问题、介绍对象等也是海底捞亲情化管理的范畴。如果员工有提升学历的需求，海底捞还会为其联系学校接受函授教育。

有人说，真正优秀的管理制度是“让每个人都非常重要，同时又让每个人都非常不重要”。“重要”是要让员工感受到被尊重和重视，“不重要”则是指企业少了任何一个员工都能够正常运转。在餐厅经营的各个环节中，人无疑是最难管理的。海底捞以其极致的“亲情化管理”为宗旨，搭建了现有的人力管理环状体系，这是个案。如果不是一个以服务为核心、要与海底捞一较高下的企业，那么人力管理体系建立的重点可能就是如何在刚性制度和柔性管理之间寻找一个合理的平衡点。

第八章

品控：

最高的竞争壁垒当属菜品本身

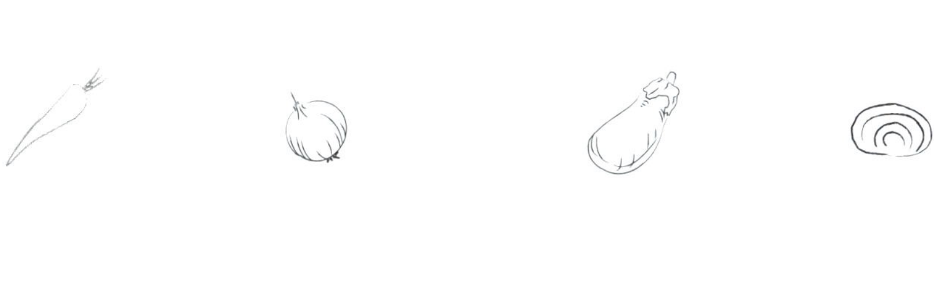

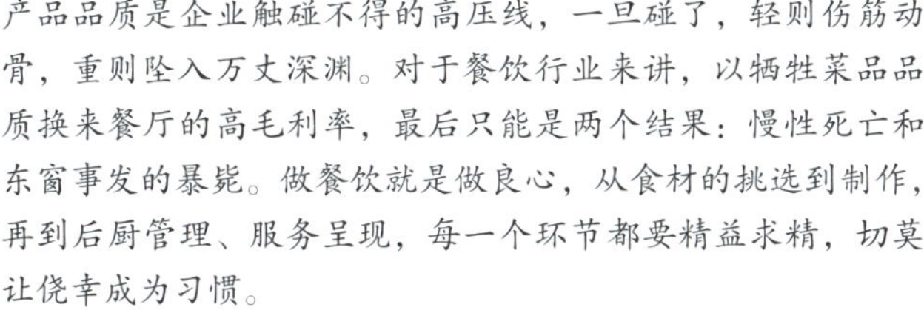

产品品质是企业触碰不得的高压线，一旦碰了，轻则伤筋动骨，重则坠入万丈深渊。对于餐饮行业来讲，以牺牲菜品品质换来餐厅的高毛利率，最后只能是两个结果：慢性死亡和东窗事发的暴毙。做餐饮就是做良心，从食材的挑选到制作，再到后厨管理、服务呈现，每一个环节都要精益求精，切莫让侥幸成为习惯。

食材采购的执行与管理

食材历来是餐饮业的核心关注点。对于大型餐厅而言，品牌的坍塌往往从食材开始。对于中小餐厅而言，稳定了食材供应，才有成为大型餐厅的可能。

谈及食材，必谈采购。对于采购这样一个位不高、权却重的职位，往往容易滋生腐败。由于采购员手里掌握着食材的定价权和选择权，对各类供应商来说，只要和采购员处好关系就足够了。这无疑是滋生腐败的温床，是横亘在企业规模化发展之前的利刃。

杜绝腐败，通常并不仅仅是削减采购员自身权限的问题，它和供应商管理密切相关。餐厅经营者必须把采购部门从单纯的催料、蹲点中解放出来，也必须把更多的精力放在供应商管理等高附加值的地方。

在很多餐厅经营者看来：可供选择的供应商越多，供应商之间的竞争越充分，降低采购成本的可能性就越大。这家供应商不行，就换下一家。事实刚好相反：竞争越激烈，对于供应商而言不确定性越高，他们不得不提高报价以获得短期利润。最终是企业换了一个又一个供应商，该解决的问题（价格、到货稳定性、批次到货质量等）仍旧没有解决。

以“短期合作”为前提选择供应商，永远无法保证餐厅的食材品质。餐厅经营者更应将关注的重心放至采购的执行和供应商管理上，美国著名食品公司西斯科（Sysco）的做法值得参考。

> 为了控制食材的采购品质，西斯科公司对采购部门进行了大刀阔斧的改革，设立了两层分离制度，将具体的采购环节和供应商管理环节分开。
>
> 1. 执行层。西斯科公司设置了催货员、采购员、品控员等岗位，专门负责采购部门的日常事务性工作。他们通过信息技术将采购现场的情况反馈给管理层，以便管理层即时监控供应商的表现，做出采购决策。
>
> 2. 管理层。西斯科公司还设有供应商工程师、供应商经理等职位，负责供应商总体绩效和供应商筛选战略。他们通过数据分析进行供应商总体绩效的评估，从供应商的质量、时效、服务等方面确立指标，决定对供应商的淘汰机制。

他山之石，可以攻玉。享誉全国的海底捞每日顾客盈门，所需食材繁杂且数量庞大，因此极为重视对采购环节的品质把控。与西斯科公司类似，海底捞的采购环节也分为两大层面。

> 1. 执行层。海底捞的采购一般分为三种：第一种是从现有的供应商信息库中抓取；第二种是通过招标平台发布需求，供应商自行竞标；第三种则是市场询价（比如当地的农产品批发市场）后直接购买。在这个过程中，海底捞通过催货员、采购

员和品控员确定采购细节，并把数据反馈给后端管理层。

2. 管理层。在后续的供应商管理中，海底捞采用了积分制的方式。从供应商与海底捞开始合作起，海底捞即开始追踪供应商的到货时间、到货品质、合作态度等，并根据执行层的反馈相应加、减分，计入供应商的绩效考核。根据积分，海底捞会进行月度、季度、年度的汇总，借此决定供应商的晋升和淘汰。供应商晋升会分得更多的订单和区域权力，反之则会不断削减订单直至淘汰出局。

两层分离制度的实行，极大地弱化了采购员的权力，在采购环节实现了监督、执行、管理的三权分离。执行部门只负责寻找供应源，并与供应商谈判，手中却没有定价权和选择决定权，这些权力被交给了管理层。管理层会根据企业本身的食材成本导向、市场均价和历年数据来决定采购的价格范围，并制定采购需求单。

这种做法的优势显而易见：过去一手遮天的采购员被弱化为采购环节的执行者，极大地防止了采购过程中的腐败，并在供应商管理方面，建立起完整且可选的筛选、管理和淘汰体系，有效保证了餐厅食材采购的稳定性。在具体执行的过程中，以下几个小技巧较为有效。

在选定供应商之前要进行多轮谈判

餐厅在选定供应商之前，一定要与之进行多轮谈判。以供应商的人品、资质、供应链系统和风险承担能力为评估指标，进行背景调查、合作伙伴调查和供销合同调查，同时，要求供应商给予一定的商务承诺。

品项整合、抱团采购

餐厅可以将繁杂不均的食材品项整合成生鲜、肉类、蔬菜、米面粮油等少数几个大的品类。每个大的品类中只留下少数一手供应商，比如生鲜对应永辉超市、米面粮油对应中粮集团、肉类对应正大集团。这种做法的优势十分明显：第一，对接的供应商数量一旦减少，餐厅随之减负；第二，在餐厅采购量达到一定规模后，产业链上游的一手供应商会明显提升对餐厅需求的响应速度。

如果食材采购量达不到一手供应商的最低要求，餐厅不妨采用抱团采购的方式，比如把蔬菜、肉类包给同一个人，让他对接一手供应商，在订单量上对供应商形成议价优势，降低采购成本。

搭建 IT 系统

餐厅在 IT（信息技术）上的投入，能立竿见影地提升采购效率、削减人工成本。有一定规模的餐厅如果不具备 IT，每天依靠人工统计需求，再写单、下单，不仅浪费时间、精力，还极易出错，给餐厅带来不必要的成本浪费。在搭建 IT 系统后，餐厅能够对所有采购相关人员的订货、入库、出库等动作“痕迹”进行监管，一旦出现问题，只需查找信息库就可以溯源。

此外，永辉超市、中粮集团等一手供应商已经实现了全自动化的订单管理系统。由于自身智能系统的反作用力，他们对餐厅的第一需求就是用 IT 接入。如果餐饮企业在 IT 上落后，便无法和一手供应商有效对接。

不要狠逼供应商降价

餐厅和供应商争论的焦点似乎永远都集中在价格上。羊毛出在羊身上，当价格低到无法满足供应商额定的利润空间时，各种防不胜防的小动作将在暗中滋生。此时，不妨换个思路，寻求和供应商的“双赢”。比如，餐厅可以和供应商进行跨界合作和品牌联合，要求供应商拿出部分货品做活动。如此一来，既有助于餐厅降低采购成本，又能让供应商实现品牌宣传的目的，一举两得。

供应链品质决定餐厅的未来

餐厅供应链就像人的双脚，大多数人在走路时很少会关注它，但它能够决定我们能走多远。餐饮界流传着这样一句话：“让你一举成名的可能不会是供应链，但供应链可以让你一败涂地。”

在供应链端，经常会出现原材料假冒、过期、食品添加剂超标和农药残留等品质问题，一道好吃的菜是由高品质的原材料和高超的厨艺加工组合而成，原材料都出了问题，更不用提菜品的品质如何。所以，想要提升餐厅的市场竞争力，做好供应链端的品质管控是底线。在餐厅规模尚小时（只有一两家店），经营者往往不会察觉供应链品质管控的重要性。当餐厅的生意越来越好，准备扩大生产规模时，供应链的品质就会直接影响餐厅的未来。

既然提及供应链的品质管控，先让我们了解一下供应链的具体含义。供应链是指贯穿菜品由原材料供应到被端上餐桌这一过程的全部业务活动。伴随着顾客需求的不断增加，餐厅的供应链条也变得越发复杂，出现以下问题的可能性也越来越大。

1. 作业流程过于复杂。在传统餐厅中，每一个环节都要餐厅经营者投入精力，包括采购、择菜、洗菜、制作、销售，容易分散传统经营者在核心竞争力方面的注意力，品牌塑造、特色打磨都无从谈起。

2. 标准化程度低。与餐厅菜品品质有关的核心人物是一个或几个厨师，菜品品质是否稳定，全凭厨师的手艺和心情。一旦出现核心厨师离职或请假的情况，餐厅菜品品质便会明显滑坡。

3. 跟竞争对手死磕价格战。餐厅上游企业缺乏信息沟通，因为量小在面对供应商时缺乏议价权，利润的来源集中在与竞争对手的价格战，不能在与食品工业或农业供应商的合作中创造利润。

餐厅的品质管控和前端产品增值，往往要靠供应链端的改造加以实现，而供应链的改造则一定是根植于顾客需求基础之上的。

在传统观念中，餐厅供应链的设置基本以主观意识为导向，经营者思考的多是“我想卖什么”。随着时代的发展，越来越多的经营者开始注重回应顾客从前端传来的多样化需求，即“我能卖什么”。正基于此，餐厅供应链的重构更应侧重于前端产品的增值和企业效率的提升。以下是当前比较流行的重构供应链的三种方法。

外包供应链

业务外包无疑是企业提升效率的绝佳方法，快消品行业和 IT 行业在这一方面较为成熟。比如，戴尔供应商的所有仓库，都会设立在工厂附近两公里范围之内，以此保证在最短的时间内响应戴尔的供货需求。应用到餐厅层面，则意味着将供应链管理工作外包给专业的第三方。

杨记兴臭鳜鱼是由做200余道菜品的徽菜馆“徽乡肴”更名而来的餐厅。餐厅在更名前，经营状况出现了较大的问题，小投小赔，大投大赔。更名之后，其将菜品从200余道削减至30余道，在一个月内扭亏为盈，开始了快速连锁扩张之路。更名，做单品爆款，削减菜单，营销引流，积累品牌势能等，仅是杨记兴臭鳜鱼成功扩张的次要因素，让它甩开包袱大步向前的最重要的因素，是其牵手第三方供应链服务商的战略决策。

以餐厅的核心单品臭鳜鱼为例。鳜鱼在每年10月到次年3月的价格最低，供应链服务方会在这个时段进行统一采购，并将鳜鱼恒温封存。这样一来，既保持了食材的鲜度和口感，又降低了餐厅的采购成本。

让专业的人做专业的事，往往事半功倍。供应链外包最大的好处就是通过集中规模采购、集约生产来实现菜品的质优价廉。第三方供应链服务商同时为很多家餐厅提供服务，它们的采购量远高于单一餐厅，原材料的组织能力和议价能力自然也比单一餐厅强，对餐厅降低食材成本助益极大。当餐厅规模尚小时，挑选一家合适的供应链服务商，或许更有助于经营者集中资金和精力打造餐厅的品牌形象。

自建中央厨房

中央厨房的概念，是指由餐饮连锁企业建立的，具有独立场所和设施设备的工厂。其主要生产过程是将原料按照菜单制作成成品或者半成品，配送到各连锁经营店进行二次加热或者组合后销售给顾客，也可以直接加工成成品或组合后直接配送销售给顾客。

> 2013 年左右，“中央厨房成为餐饮制胜法宝”的观点在餐饮行业较为盛行，彼时的观点认为，和合谷、嘉和一品、呷哺呷哺、庆丰包子、眉州东坡等餐饮企业之所以能在京城迅速崛起，背后都有着强大的中央厨房的影子。据中国连锁经营协会发布的数据显示，到 2016 年，中国餐饮连锁企业中有 74% 已经自建中央厨房。

不可否认，中央厨房在标准化和规模化上与分散采购相比有无可比拟的优势，但产能过剩导致的利用率不足，也是建立中央厨房的餐饮企业头疼的问题之一。同时，由于国内中央厨房的自动化程度较低，造成用工成本、运营成本的提升远超物料成本的节省。

餐厅自建中央厨房的目的，是获取规模化效益。但近些年，餐饮业的整体形势发生了巨大变化，中央厨房的产能并不能得到最大化的利用，本来是节省成本的规模化，反而成为成本投入的累赘。有资料显示，中国大型连锁餐企自建的中央厨房的产能利用率区间在 20%~60%。产能过剩是目前行业的普遍现状，由此倒逼餐厅加速开店，反而打乱了餐厅经营者的战略步伐。

与食品加工厂合作

在自建中央厨房的风潮之后，业界出现了一种新的思路——餐饮企业直接和食品加工厂合作。当然，前提是合法合规，拥有食品生产许可证，尤其是后者比餐饮许可证的要求更为严格，食品加工的品质可以得到相应保障。

把简单基础、工作量大的择菜、洗菜工作交给食品加工厂来做，在成本合理的情况下，确实是一个不错的选择。现在的食品加工厂甚至可以直接根据菜品制作出搭配好的半成品，进一步减少了厨房的工作量。看过肯德基和麦当劳后厨的人都会发现，这里的厨房操作间非常精简，人员数量配置和空间利用效率都进行了最大的优化。西少爷肉夹馍采取的也是这种模式，通过和大型食品加工厂顺鑫农业合作，省去了中央厨房。

与之相似的是，广州人爱吃烧腊，但大多数的小作坊、小餐厅做出来的烧腊都无法保证食品的安全品质。然而，只要烧腊经过食品加工中心处理之后，再运往餐厅或者直接售卖，这个问题就迎刃而解了。这就是通过食品加工厂将食品品质标准化，后续还可以通过再加工来弥补味道上的问题。

需要注意的是，这种模式也存在一定的弊端——餐厅无法继续保持制作相关菜品的信息隐秘性。换言之，餐厅无法保证自己的“独家配方”不会被其他同类型餐厅偷师，这一点需要餐厅经营者认真权衡。

高效的供应链确实可以有效降低餐厅成本，但需注意的是，其降低的成本是“流程成本”，而非“食材成本”或“制作成本”。好的供应链既要保证菜品口味和高标准的食材使用效率，又得满足顾客日益挑剔的需求，以及产品对餐饮品牌本身的深刻表达。唯有这样，才能保证餐厅持续、稳定、高效的发展。

因此，在追求高效供应链的同时，餐厅经营者还应通过“去工厂化”保证菜品品质，即在不同流程节点使用不同的生产模式。比如，能够标准化的菜品就外包给食品加工厂，不能标准化的菜品则坚持在餐厅厨房现场加工完成，以体现餐厅的“温度”和“特色”。

以标准化摆脱后厨“绑架”

出品不稳定、厨师绑架餐厅，一直是许多餐厅的困扰，特别是对于连锁企业而言，出品的标准化成了企业追求的重要目标之一。

出品标准化是为了帮助餐厅经营者稳定菜品质量、节约菜品成本，而不是为了让“市场上每一家店的鱼香肉丝都是一个味道”。经营者只需要保障自家店里同一道菜品的口味相同，是“最高质量、最低成本”的就可以。不可否认，在出品标准化方面，一些国外餐厅走在了中式餐厅的前面。

西餐和日式餐饮的标准化，建立在国家产业标准化的基础之上。它们的后端中央厨房大都是单品厨房，产能利用率和生产效率都非常高，供应 1000 家连锁门店的中央厨房只需不到 10 个人操作。

但中餐的 SKU（库存量单位）众多、产品线分散，这就导致了后端的生产效率较低。单单一个土豆，不同的菜系就有不同的削法，一个萝卜更是有上百种雕刻工艺。另外，菜品的品质还受厨师状态和心情影响，导致不同时段口感不一。

因此，标准化一直是困扰众多中式餐厅经营者的难题。在菜品的制作过程中，每一个细小的因素都有可能使菜品品质产生差异，这也正是中餐标准化的症结所在。以下就中式快餐和正餐等不同品类，看看知名品牌的标准化之道。

中式快餐：研发颠覆式技术

在任何一家分店，都能吃到相同口感、规格一致的食品，是一家连锁餐饮企业必先解决的问题。换言之，稳定性是扩张的先决条件。

对于餐厅而言，培养很多既有技术，烹饪方法又大致相同的厨师较为困难。即便能够通过流程快速培训厨师，事实上也并没有从本质上解决中餐厅过于依赖厨师的问题。因此，摆脱厨师的束缚，是中式快餐标准化的前提。通过新式烹饪设备实现更高的出品效率和更稳定的出品质量，是很多中式快餐厅追寻的方向，比如靠颠覆式技术确立市场领先地位的真功夫。

为了摆脱对厨师的依赖，中式快餐连锁鼻祖真功夫研发了自己的专利产品——电脑程控蒸汽柜，并通过该设备同压、同时、同温的技术，彻底实现了无厨师的产品标准化，一举确立了其在中式快餐领域的领先地位，快餐连锁“不依赖厨师”的打法也由此被广泛传播。

中式正餐：食谱标准化

在炒制中式正餐的过程中对“火候”要求极高，但“火候”是一个艺术化的概念，难以精确估量，一般的食谱上只写着酱油少许、盐少许、爆炒七分等大致的概念。尽管食谱难以标准化，但是望湘园创始人柳智却依然放出豪言：“做中式正餐的标准化，首先要做的是让食谱精确下来。”

望湘园根据地域选取多数人口味的“最大公约数”，将油、盐等调料以及主料的分量加以精确描述，制作出符合地域需求的标准化食谱。比如招牌菜“农家小炒肉”，望湘园的食谱上准确规定这道菜的每一种主料和辅料各放多少克，先炒红椒，还是先炒青椒，肉什么时候放。

对中式正餐而言，保持烟火气就必须由厨师“炒制”。在这一点上，即使再规范的培训流程，也无法做到完全标准，但餐厅经营者可以通过了解地域口味，来制定精确到“克”的食谱。毕竟，食谱的标准化比人的标准化要稳定得多。

以上是中式快餐和正餐两大品类中的知名品牌在应对标准化问题时的不同路径，值得餐厅经营者借鉴参考。在餐厅实现标准化的具体过程中，出品标准卡是较为实用的工具之一，以下加以详细介绍。

出品标准卡的内容组成

餐厅的出品涉及食材、成本预算、菜谱用料和流程中的每一步操作，所以出品标准卡应该是一个标准卡系列，而不仅仅是一张表格。它可以拆分成餐厅菜品标准卡、食材标准卡、菜品成本标准卡、菜谱标准卡和出品流程标准卡五大部分。

制作出品标准卡的前期准备工作

出品标准卡的制作，最终目的是得到标准卡系列表格，如何做出这几张表格是关键所在。在制作出品标准卡之前，餐厅经营者先得做到以下四点。

1. 确定主、配料的原料和数量。这是很关键的一步，它确定了菜品的基调，决定了菜品的主要成本。无论是菜品，还是甜点，规格大小都需要力求精确。

2. 规定调味料的品种，试验确定各自的用量。明确调味料的品种和品牌，不同厂家和品牌的调味品质量差别较大，价格差距也很悬殊，需要事先定下基调，具体用量可根据后期批量分摊的方式测算。

3. 计算成本、毛利和售价。市场行情总在不断变化，菜品用料的单价和总成本也随之改变。餐厅经营者在第一次制定菜品标准食谱时如能精确计算出成本、毛利和菜品售价，对后期的预估测算较为有利。

4. 确定单品的制作和上菜流程。出品环节并不局限于后厨的制作，从厨房的出餐窗口到服务员端菜上桌之前都属于出品的一部分，所以在制作出品标准卡前，也应对出餐和上菜的流程做出明确规定。

出品标准卡的细节处理

制作出品标准卡的前期准备工作完成之后，还有一些细节需要完善到表格中。

1. 规定好加工制作步骤。餐厅经营者要对菜品的主要制造步骤和比较容易出现其他做法的加工步骤进行统一规定。

2. 选定餐具。不同的菜品用不同的餐具来表现会更为美观，所以在制作出品标准卡时，餐厅经营者要选定盛放菜品的餐具，确定摆盘样式。

3. 明确产品特点和质量标准。出品标准卡既是餐厅在员工培训和菜品生产制作时的依据，也是经营者检查和考核菜品是否达标的标准，所以要在标准卡中明确质量标准和产品最终成型的特点。

具体制作示例

出品标准卡一经制定，就应确保它的严格执行，发挥出标准卡在餐厅应有的作用。当然，出品标准卡制作完成之后并不是一成不变的，经营者需要根据餐厅的不同需求和新品随时进行调整。表

8–1～表 8–5 是出品标准卡的具体示例，以供参考。

表 8–1 餐厅菜品标准卡

品名	用料用量（主料、辅料）	口感（形、色）	出品时间（平均）
黑椒罗汉笋			
酒香翅中			
牛腩毛肚			

表 8–2 食材标准卡

食材	规格	色泽	产地	出产季节	保鲜方法	保鲜时长

表 8–3 菜品成本标准卡

品名： 毛利率： 销售单价： 日期：

规格				配料				调料			
名称	数量	单价	金额	名称	数量	单价	金额	名称	数量	单价	金额
小计				小计			小计				

表 8–4 菜谱标准卡

菜品名称： 总成本： 总售价：

用料名称	数量	单价	成本	制作流程	剩余原料存放、用途	使用工具	盛装方法

表 8–5　出品流程标准卡

品名	出品时长	佳味期	色味检查	摆盘检查	餐具检查

对菜品味道的极致打磨

标准化无疑是连锁餐厅保障菜品稳定、摆脱厨师绑架的上佳办法，却绝非适用于所有餐厅。对于那些追求高品质、独特享受的高端餐厅以及一些受限于资金、人力等“先天缺陷”的小店来讲，产品味道的优化升级才是最重要的。作为“高关注度”和“高差评率”的重要因素之一，菜品味道是餐厅发展的难点，也是其提升自身竞争力的重要机会点。

你或许见过这样一种餐厅：选址、环境和服务都较为一般，却似乎永远处于顾客排队的生意爆棚状态。看似完全不符合商业逻辑，细品之后却能发现它的制胜法宝——对于菜品味道的极致打磨。

无论在什么时代，餐饮行业最核心的都是“菜”，味蕾记忆永远是最重要的区隔符号。用户体验做得再好，营销再吸引人，品牌再强势，脱离了菜品味道都是空中楼阁，终有一天会倒塌。做餐饮，最高的竞争壁垒当属菜品本身。

那么，如何保障菜品的高质量？怎样将产品做到极致？不妨参考以下三个方法。

专注单一品类

随着时代的发展，以90后为代表的新生代群体已经成为消费的中坚力量，这是一个具有强烈好奇心和尝鲜心理的群体。面对这部分群体，餐厅只有专注于某一特定品类，将产品做到极致，才能拥有与其他餐厅的鲜明差异，形成自身特色，打造特色品牌印记、粉丝群体和核心竞争力，正如提起巴奴就能让人想到毛肚火锅一样。

品类与选择的不断精简，要求留存在菜单上的菜品要经得起考验，但顾客的口味是不断变化的，唯一的规律是会变得越来越挑剔。想要满足顾客不断提升的要求，单品店需要对主线产品进行不断的产品研发，不断调整打磨爆款口味。

同时，餐厅需要爆款增加品牌认知度与顾客忠诚度，打造爆款对单品店尤为重要。但需要餐厅经营者注意的是，不是所有的产品都能够被打造成爆款。爆款不在多，贵在无人能够效仿。

控制店铺数量

对于有些餐厅而言，把生意“往小了做”意味着经营者不需花费大量时间进行规模化运作和管理，从而有更多的时间将自己的产品味道打磨到极致。

厚堂是一家坐落在北京东四胡同里的湖南菜菜馆。老板曹勇是星级酒店厨师长出身，15岁学厨，在厨房一待就是30年。2002年，不想一直给别人打工的曹勇来到北京开了厚堂。

2002—2017年，厚堂从无人问津到有了一批忠实顾客。曹勇的成功秘诀在于“开饭店就是让人来吃饭的，我只想做到‘人认我菜’。客人想到什么菜，能想到我这个餐厅就行。”

“人认我菜”，简单的四个字，却是知易行难，更何况曹勇坚持了15年。传统厨师出身的曹勇骨子里有一股傲气，他坚信凭着自己菜品的口碑，生意会越来越好。按照他的想法：“有了好的口碑，顾客才会越来越多。那些只能靠营销或者噱头吸引客人的餐厅，一定活不长。”

曹勇也曾走过弯路。随着口碑的发酵，厚堂的生意越来越好，曹勇的“野心”萌发，陆续开了4家店。很快，经营管理餐厅出现的复杂情况令他分身乏术，4家店也都处于亏损状态。在经过一番思考之后，曹勇关掉了经营不善的3家店，专心经营身处闹市深巷的老店。由于口味的回归，老店很快扭亏为盈，重现宾客盈门的热闹景象。

“根据自身情况扩张，有掌控几家店的能力就开几家”，这是曹勇从亲身经历中总结出来的经验。指望一家餐厅赚得盆满钵满并不现实，但它带来的掌控力保证了其风险远低于多家连锁。同时，经营者能够更专注于提升菜品的味道和为顾客提供完整的餐饮体验，不会出现“味道不够，互动来凑”的尴尬。

关注菜品细节

细节的力量是可怕的，一道菜品的制作细节不会都被用户看见，但用户的体验感正是由许许多多看不见的改变堆叠而成的。

知名音乐人高晓松曾经在微博上晒了一份没有标识痕迹的外卖，但细心的粉丝们却依然看出了外卖的品牌——至味优粮。

“这么切玉米的只有它一家”“从菜花和五花肉的比例来看，是它家没跑”，甚至还有从米饭上识别出至味优粮的粉丝，也不枉这支外卖创业团队常年在全国各地寻找优质米源的努力。

至味优粮的主打特色菜确实是最“没”特色的“番茄炒蛋”和“干锅花菜”，但就是这些很难做出差异化的品类，在经过至味优粮对标准和制作细节的不断打磨之后，使口感和味道都得到了最大化的升级，成功进入顾客的心里。

当食物不再仅限于果腹的功能时，越来越多的餐厅开始在审美情趣和生活态度上扮演独特角色，追求所谓的个性化。然而，不少个性化餐厅单纯为了个性化而个性化，却忽视了对菜品味道的管控。须知，味蕾才是检验食物的最终标准，只有建立在“好味道”上的个性化才具备持久的生命力。

烂服务会“坑”好产品

任何行业的变革，本质都是消费者需求的变革。随着 90 后、00 后进入主流消费市场，消费者正在告别以“饥饿”为导向的消费逻辑，转而更加重视体验和品牌背后输出的价值观。与此同时，随着生活水平日渐提高，消费者对于体验的追求也更加强烈。在用餐选择琳琅满目的时候，对于服务的追求已成了人们选择餐厅的重要标准之一。

烂服务会“坑”好产品。服务不精，最直接的结果就是会让餐厅的顾客日益流失。服务没有标准化，顾客的满意程度是检验服务水平高低的唯一标准。

“欢迎光临，小心台阶”“这是菜单，您先看”“您的茶水，小心烫”，这些细节算是一个餐厅标准化的基本服务流程。

“服务员及时更换盘碟、续茶水”“主动告知优惠付款方式”“主动递送眼镜布”等算是餐厅提供的发挥主观能动性的个性化服务。

以上两种服务的表现形式不同，给顾客的感受也不同。不可否认的是，必须要有标准化的服务，而个性化的服务则是根据自身情况和优势各自发挥。这就像武侠小说中所说的“天下武功出少林”，因为大多数的武功基础都是由少林传出来的，之后在此基础上衍生出各种武功。具体而言，个性化服务可以分为以下几类。

洞察力：料“敌”于机先

在金庸的笔下，令狐冲的独孤九剑以“料敌机先”的特点著称，面对刀枪剑戟不同的武器都要随机应变地打出破敌招数，这需要具备非常敏锐的洞察力。经营地道四川老火锅的大龙燚的服务正体现了这一点：在顾客之前洞察其所需，并迅速解决。如果用武功招式来类比大龙燚的服务，那么无疑就是独孤九剑了。

在刀光剑影的成都餐饮江湖，大龙燚的身影一定是不可忽视的。人们往往都是冲着其过硬的品质而去的，但不能忽略了大龙燚在服务方面的进步。

对于为何用“洞察力”这个词作为大龙燚服务的关键词，其创始人柳鸷是这么解释的：“洞察顾客需求，快速并有针对性地做出反应。”

围裙、头绳已经成为当下火锅店的标配，然而，顾客每次吃完火锅后沾惹的一身火锅味，却总是用餐体验的美中不足。大龙燚的做法是现场提供除味剂，想到了顾客前面。

另外，很多顾客在吃火锅时掌握不好涮品的火候，像毛肚这类涮品如果煮的时间过长，就会完全失去特色。大龙燚的做法是向潮汕火锅学习，在每一盘涮品上贴上小贴士，提醒顾客该菜品的最佳涮煮时长。

大龙燚的洞察力还体现在代入感上。大龙燚的主要受众群体是 80 后和 90 后，这个年纪的顾客开始进入为人父母的人生阶段，带着幼儿却不太适宜吃麻辣的重庆火锅。于是，大龙燚别出心裁地想出了婴儿室这个想法。这也是服务的一种体现，站在顾客的角度，才能解决顾客的痛点。

大龙燚在服务上还有很多改进的地方。现阶段，大龙燚在服务方面最需要做的是制定并不断完善标准化服务体系。这不是一朝一夕可以完成的事情，需要不断地试错和磨合，这也是每家餐厅都必须经历的阶段。

一击必中：直击顾客痛点

探鱼是广州一家主打烤鱼的餐厅，在当地人气十分旺盛，服务也十分有特点——做不到的不承诺，承诺的必须做到。这一点像极了葵花点穴手，这门在《武林外传》中被广为人知的武功特点鲜明：直击穴位，一击必中。习此武功，必先识诸穴所在的部位，苦练功力，否则只会害人害己。探鱼餐厅在服务顾客方面苦练内功，当有了足够的功力，才敢给予顾客承诺，其实也是为了完成承诺，直指痛点。如果做出承诺，自身服务却跟不上，只能起到反作用。

在探鱼餐厅里，每张桌子上都贴了三大承诺。

1. 承诺 18 分钟内上齐菜品，在承诺时间内未上的菜品免费赠送。

2. 对餐厅的菜品不满意，探鱼无条件更换或者免去这份菜品的费用。

3. 如果对餐厅服务有什么意见并指出来，探鱼会给顾客打一定的折扣。

探鱼餐厅对顾客做出承诺，既能解决烤鱼行业顾客等餐时间长的痛点，又能让顾客监督探鱼的服务，提升餐厅整体的服务水平，还能将整个餐厅从后厨到前厅服务员组成一个高效的团队，给予顾客更好的体验，一举三得。

此外，探鱼餐厅除了将 70% 的服务流程制成了标准化的服务框架，还给自家服务员预留了 30% 自主发挥的余地，以便为顾客提供个性化的服务。

尽管在行使三大承诺之初，探鱼餐厅给顾客免单的成本曾高达餐厅月营收的 10% 左右，但阵痛之后带来的是服务的改善、效率的提高和口碑的传播。经过三个月到半年的磨合，给顾客免单的成本就降低到探鱼餐厅月营收的 1‰左右。

以柔克刚：用热情打动顾客

阿五黄河大鲤鱼是河南一家主打黄河鲤鱼的传统餐厅。创始人樊胜武说过：“做餐饮，就像为家人做饭一样，把最安全、美味的食物分享给家人，也分享给更多热爱美食的人。”这是阿五黄河大鲤鱼分享式服务的来源。

阿五黄河大鲤鱼将自己的热情和热爱分享给顾客，用这种“柔”去克顾客心中的“刚”。这正契合了太极拳的“以柔克刚，刚柔并济”。相传伏羲在河南温县观黄河和洛河交汇时，依据河图、洛书而悟太极，而阿五黄河大鲤鱼同样起始于河南。

提起阿五黄河大鲤鱼，很多人自然地聚焦于它的产品——鲤鱼，然而，作为传统餐饮企业的代表之一，其服务水平也颇有一套。阿五黄河大鲤鱼的服务宗旨是“将客人当家人”，为家人服务就会拿出从心底生出的热爱和热情。“先感动自己，才能打动顾客”是阿五黄河大鲤鱼追求的服务品质。

王晓风是阿五黄河大鲤鱼郑州纬三路店的一名包房服务员，也是这家店里“被点”次数最多的服务员。原因何在？

从顾客进门开始，王晓风的脸上就一直挂着微笑，那是一种发自内心让人温暖的笑。她会亲切地称呼顾客“叔叔”“阿姨”“弟弟”“妹妹”，跟顾客打招呼问好，而不是简单的一个“您好”就结束交流。在顾客感冒咳嗽时，她会悄悄叮嘱后厨给顾客煮一碗热姜汤。在顾客一身疲惫地刚结束工作、为应酬不耐烦时，她会给顾客讲几个笑话，或者开几个玩笑，逗顾客开怀一笑。在顾客跟同事谈生意，或是想跟多年不见的朋友说几句私密话时，不等顾客眼神暗示，她已经轻轻退了出去。

除了将热情分享给顾客之外，阿五黄河大鲤鱼为了保持在服务上的核心竞争力，还在企业内自建了优质服务专业委员会，不定期地进行内部分享。这个委员会由公司中层管理人员、各店管理人员组成，在严格统一服务标准的情况下，分享学习各店优质的个性化服务案例，共同提高服务水平。

化繁为简：将服务精简化

和阿五黄河大鲤鱼相似的是，2006 年创办，迄今遍布 50 余个城市的大连火锅品牌彤德莱也通过企业的“家文化”来提高服务品质。“让员工把餐厅和企业当作家，服务员才会自己找活儿干，主动服务客人。”彤德莱火锅创始人孙玉伟如是说。

提起彤德莱火锅的服务，最具特色的是其把所有的流程简化到最符合自己的地步，然后个性发挥。这和武功——长河落日剑的招式异曲同工，将古往今来的拳经剑道融合成为两招，化繁为简，却蕴含无穷的变化。

> 作为一家在全国拥有 300 余家直营店的餐饮企业，彤德莱火锅追求的是经典而不是流行，希望让顾客在吃的同时被感动，这就需要服务员在个性化服务方面努力。为此，彤莱德的做法是制定标准化流程，在实施的过程中不断试错、总结经验，减少服务流程的复杂程度，提高效率。

在流程上做减法，留出空间给服务员自己发挥。这种做法充分发挥了服务员的主观能动性，提高了餐厅的整体服务品质。彤德莱火锅倡导的是服务年轻化和素质化，年轻人有激情，在可以看到上升空间的情况下，会动力十足、自动自发，不会偷懒耍滑。

量体裁衣：日益流行的小份菜

大菜量固然是餐厅优惠的直接体现，但并不适用于所有顾客。比如，对人数较少却想尝试多种菜品的顾客而言，“量体裁衣”的小份菜无疑能让餐厅服务展示得更加到位。说到小份菜，Tapas、日本料理是人们脑海中第一时间蹦出的关键词，随着消费者近些年来对控制饮食的要求日益提高，小份菜在国内越来越受到顾客的欢迎。先来看看海底捞部分门店一天内两份不同菜品的售卖情况。

> 鸭肠总共卖出 18670 份，整份鸭肠卖出了 6771 份（约占总销售份数的 36%），半份鸭肠卖出了 11899 份（约占总销售份数的 64%）。
>
> 土豆总共卖出 9783 份，整份土豆卖出了 2726 份（约占总销售份数的 28% ），半份土豆卖出了 7057 份（约占总销售份数的 72%）。

显而易见，无论吃肉还是吃菜，来海底捞用餐的顾客点半份菜的概率，远远超过整份菜，因为这样可以花同样的钱吃得更丰富。就像大街小巷的麻辣烫小店永远都挤满了人一样——只要付一碗拉面的钱，你便可以吃到荤素、辣度、营养程度完全由自己操控的大杂烩，并且味道还不赖。虽然鸡肉丸、鱼豆腐、鹌鹑蛋等每次每样也就有一两个，但这种自主搭配的味道和过程都会让顾客的体验感更强。

唯快不破：提高出品速度

出品速度是检验一家餐厅服务品质的重要标准。试想一下，在用餐高峰期，面对无数催促之后依旧姗姗来迟的食品，顾客会是怎样的心情？那么，如何才能显著提高餐厅的出品速度呢？

1. 预估客流，精准备料。餐厅的配料准备工作是影响出品快慢的先决条件。在备料妥当之后，配菜师父只需要按照菜单抓配即可，省去现场备料的时间。当然，由于食材和销量不同，餐厅需要提前准备的配料也不尽相同。

（1）参照平均客流量备料。例如，纯肉类菜品、速冻食材的解冻工作比较耗时，必须提前准备，那么餐厅在备料时就应按照平时的客流量备料，当然这也是比较通用的方法之一。

（2）畅销菜品，按整份备料。对于某些销量较大的菜品，餐厅经营者最好能够精确配料，事先做好整份分装，在需要烹饪的时候，厨师可以一次性拿到所有配料，避免浪费时间。

（3）耗时菜品提前做成半成品备料。对于一些烹饪时间长的菜品，可以事先制成半成品，在用餐高峰期只需加热或加入高汤就可以制成成品上桌。为保证流程的高效，需要每个档口相互配合，做好自己分区的统计，在前一天将问题和菜品销量报给后厨。后厨在拿到报告之后，便可以着手第二天的备料工作，以此加快餐厅本身的周转速度。

2. 引导点餐，缓解高峰时后厨的压力。虽然现在很多餐单上都会注明菜品的烹饪时间，但很多顾客还是会点一些做法复杂的菜品，但他们不会理解因做法烦琐而造成上菜时间延长。遇到这种情况，需要服务员在顾客点菜的时候做出适当的引导。

某餐厅在顾客点菜时，会尽量向客人推荐一些出餐快的菜品，让快菜和慢菜在时间的搭配上得到平衡，不至于出现快菜吃完、慢菜还没有上桌的情况。该餐厅还会提前告知顾客慢菜的上菜时间，让顾客拥有一定的心理预期。如此一来，该餐厅在点餐环节就为后厨做了一道缓冲防护。

3. 设置传菜“中枢”，有序备餐。厨房和前厅能否流畅对接，也是影响餐厅出品速度的一个重要因素。这就需要餐厅在出餐口设置一位传菜中枢员，他的作用就是做好前厅和后厨的对接与沟通。考虑到人力成本，这位“中枢员”可以由服务员或传菜员的领班担任。

很多西餐厅都会设置类似前厅和后厨沟通中枢的岗位：第一，该岗位员工会先标注好每一个餐单的点餐时间，排序之后按照冷热和出餐速度通知后厨准备菜品；第二，他会观察前厅每一桌客人的用餐进程，根据餐桌上的剩余可用菜品，估量不同桌客人之间的用餐时间；第三，他还会随时检查每桌已出的菜品，避免漏菜现象。

4. 以色卡区分菜品和上菜速度。作为中枢的传菜员，在拿到餐单的第一时间，可以马上用不同颜色的色卡区分菜品对应的上菜速度。色卡的颜色要显著，例如，用红色表示需要加急的菜品，用绿色表示素菜，用蓝色表示冷菜，用黄色表示热菜等。传菜员和后厨最好能使用统一的色卡做标记，沟通时直接以色卡表示意向，节省沟通时间，且不易遗漏。

当一些个性服务成为常态时，即可演变成标准化服务，如此不断循环、优化，永无止境。无论何种服务，终究要回归到服务的本质，满足顾客的需求。一旦脱离了顾客，再好的服务也毫无意义。

案例

喜家德的品质管控法则

中国餐饮业内有一个独特存在的餐饮品牌，低调甚至近乎隐形地在全国开了 500 多家直营门店。它的客群定位不是消费能力最强的 18~35 岁的主流群体，而是主打家庭消费。它近乎偏执地坚持单品店的简餐模式：没有快餐那么快，相比正餐又极为精简。它就是中国水饺领域的领头羊之一——喜家德。

原材料的品质永远是第一位的

“产品种类越少，产品就越精，对你活下来就越有帮助。”喜家德的创始人高德福一直这样告诫全体员工。说到堂食只卖 5 款饺子这件事，喜家德背后的思考有两点：一是基于“逆向思维”，即别人做多、我做少，这种聚焦的做法更有助于品牌形成差异化；二是基于“运营思维”，只有拥有绝对的数量，食材的新鲜程度才能保证。

“正是因为我们的品种少，所以才新鲜。”为了保证产品品质，喜家德在 36 小时内用不完的食材都要被扔掉。如果产品的品类较多，顾客的点击率必然会被分散，产品卖不完的情况就会成为家常便饭，这就会给企业造成极大的成本浪费，这也是高德福坚持产品精简的一个主要原因。

高德福认为，一家单品特色店要找到符合自己品牌诉求的产品追求，并将其融入自己的具体经营，比如喜家德的产品追求的就是健康且好吃。“健康一是干净，二是食品安全。”而做到好吃，高德福的观点就是去下“笨”功夫，找食材，提升工艺。“日本的很多百年企业其实是传统餐饮企业，有些店开了四五百年。它们要是按照我们很多餐饮人那样，想办法把东西提前做出来，或者找什么东西换，就做不到百年传承了。”所以，高德福认为，如果餐饮企业想要继续发展下去，要想做成百年老店，还要往“笨”的方向做。“笨”的含义就是追求食材、工艺、卫生、安全，其中以食材为首。

“好食材才能保证好味道”，喜家德认为健康的美味首先源自优质食材，因此，喜家德选用的都是最好的麦芯粉，“所制成的面皮洁白细腻、很筋道，而且有一种麦香味”。猪肉则采用排酸、排毒素的冷鲜肉，虾仁采用深海少污染的海虾制成。

从创办之初，喜家德只卖6款饺子，虽然这在饺子市场中已经称得上罕见，但2014年高德福还是果断地把6款压缩成了5款，剔除了鲅鱼馅饺子。之所以从原本就十分有限的品种里继续做减法，除了鲅鱼馅的口味不够大众外，还有一个非常重要的原因，那就是土生土长的哈尔滨餐饮企业无法更好地掌控其原材料。

总之，在喜家德，原材料的品质永远是第一位的。

对菜品品质的极致追求

在喜家德，流传着这样一句箴言：饺子现包才好吃。实际上，在几年前，喜家德的不少菜品还是停留在第三方代加工的阶段，像是酱颈骨和土豆丝，后来却不惜成本选择自制。原因之一是要在快餐行列中寻求差异化，既然知道自己速度上拼不过麦当劳和肯德基，那么就干脆用自制的方式来传递健康：让客人坐在店里直接看服务员现场煮制，这和从密封包装袋里拆封的速冻饺子比起来，口味和体验有着天壤之别。另外，喜家德也在预谋将菜品的不断打磨推向更重要的位置。

因此，从 2010 年起，喜家德开始在新建的店面中采用明档厨房设计。无论是水饺的包制、煮制，还是小菜的配制，顾客都可以清楚地看到整个加工环境和加工过程，看到真材实料，看到现包现煮，直接监督，以此打消顾客在卫生、安全方面的顾虑。

为了实现对产品品质的极致追求，在标准化流程的打造上，喜家德有异常严格的追求，他们对馅料的储存温度和饺子的煮制时间都有严格的数字规定，甚至还创新了中央厨房的标准，“馅料在 23 摄氏度的情况下最好吃，所以我们缩减了中央厨房的面积，并且通过空调智能恒温”。为了保证新鲜度，喜家德的门店明档厨房是没有冷藏柜的，只有保鲜柜，所以喜家德所有的馅料和菜品都是当天做好由中央厨房统一配送到门店的。

此外，为了达到让顾客有更好的体验和品牌认知，喜家德还把水饺的形状做了重新定义：一字形的长条水饺。做成长条水饺主要有三个原因：外形上有差异化，辨识度高，消费者一看到就知道是喜家德的水饺；方便顾客用筷子夹刚出品的水饺；顾客咬一口就可以看到馅料，直观地感受喜家德水饺的品质。

在喜家德，无论是饺子尺寸、面皮大小，还是擀皮动作，甚至原材料的产地、形状、克重，加工环节的温度、时间、先后顺序都有严格的规定和相应的培训，一字形擀面杖、称重器、四杖擀皮法都是与之伴随发明的。

菜品味道的反复打磨

在高德福看来，餐饮行业不管是思想上，还是行为上的改变，包括工具和经营模式，都应该叫微创新。他认为互联网行业追求的是颠覆和冒险，而餐饮这种传统行业在不改变用嘴吃的前提下，都应该是按照本质规律循序发展，而菜品味道始终是餐饮企业最为核心的问题。

“我认为企业的菜品研发师一定不是只会研发新菜，更多的应该是懂得如何打磨老菜，餐饮行业不用颠覆式创新，只能微创新，不断地改革和精进就行。”高德福的一席话打破了很多传统餐饮人对菜品研发的固有定义。喜家德对于菜品实实在在的打磨，也确实让人惊叹。

在喜家德总部的中央厨房中，最让人印象深刻的就是那些全副武装、手拿试管正在不停化验菜品菌数的化验员，对菜品的打磨做到如此地步的餐厅，在国内实属罕见。同时，为了追求菜品味道的极致，喜家德不断地在菜品比例，水分、盐分比例，甚至水温上反复尝试，直到满意为止……

“一生只干一件事，尤其是餐饮这样的传统企业不能太聪明，笨一点、拙一点才行。”这个理念，在喜家德身体内的每一个细胞中蔓延。

单品特色餐饮的本质是深耕市场、细分市场，对产品的品质其实有更高的要求，这就需要餐企结合自身的品牌优势，不断创造差异化和特色化。虽然喜家德低调，但却是餐饮人学习的宝藏。

第九章

数据：

未来的竞争，都是数据竞争

互联网与餐饮业的联姻，一方面使外卖市场呈爆发式增长，另一方面则带来了数据意识的普及。数据反映的是餐厅现有的问题，与数据同样重要的是寻根究底、顺藤摸瓜，找到问题的根源，让经营者更好地应对未来。

数据有时也会“说谎”，单看某一方面的数据可能比较片面。餐厅的经营数据之间有密切的联系，通过全局性的思考才能找出更好的解决方案，发觉原本没有注意到的赢利点。“自身优势＋数据”往往能帮餐厅实现更多的价值转换。

成本分析的“三看法则”

开餐厅绝不是一件容易的事，除了菜品可口（优质产品和差异化概念）和占据绝佳的地理位置之外，还得担得起“三高”（租金、人力、原材料采购）的费用，经得住消费者日复一日的挑剔。很多餐厅经营者日夜无休——白天在餐厅忙前忙后，深夜还不能休息，在灯下清点一张张单子，核对一笔笔账目，盘点今日的损耗，算计明日的供需。

毫无疑问，要想开一家赚钱的餐厅，经营者必须学会精打细算，成本分析则是第一步。在很多餐厅内部，财务已经沦为简单的记账工具，人们提到成本分析想到的就是为餐厅省钱。这无疑是一种极其错误的观念。成本分析是经营餐厅的基础，它的目的绝不仅是省钱，更重要的是把钱用对地方，帮餐厅经营者更好地赚钱。成本分析确实细碎又繁杂，有鉴于此，我们提供了成本分析的有效工具-——“三看法则”。

一看成本差异：从差异中解读成本控制

有比较才有差异，比较的标准就是菜品研发之初制定的菜品成本标准卡（详见本书第八章）。成本标准卡不仅可以保证菜品标准化，也是成本控制的有效工具。当实际成本与标准成本出现差异时，餐厅经营者需要思考两方面的问题。

1. 成本标准卡的制定是否合理。在菜品研发之初，肯定存在一些考虑不周的情况。因此，在制作成本标准卡的过程中，会依据与实际成本对比的偏差值不断进行修正，让成本标准卡尽可能准确，相当于产品内测。建议餐厅经营者在推出新菜品时，挑选一两个门店进行测试，每日进行比对和调整。

2. 实际操作中的偏差。操作中的不确定性，导致中餐的标准化难度较大，实际成本不太可能跟成本标准卡完全一致。因此，在制定成本标准卡时，餐厅经营者需要根据实际情况制定一个合理的误差范围。

一旦实际误差超出了合理误差范围，餐厅经营者应分析是供应链出了问题，还是员工操作不规范。如果是员工的操作问题，说明餐厅的员工培训工作需要改进。如果是供应商以次充好，导致原材料净料率下降，就该为其敲响警钟了（见图 9–1）。

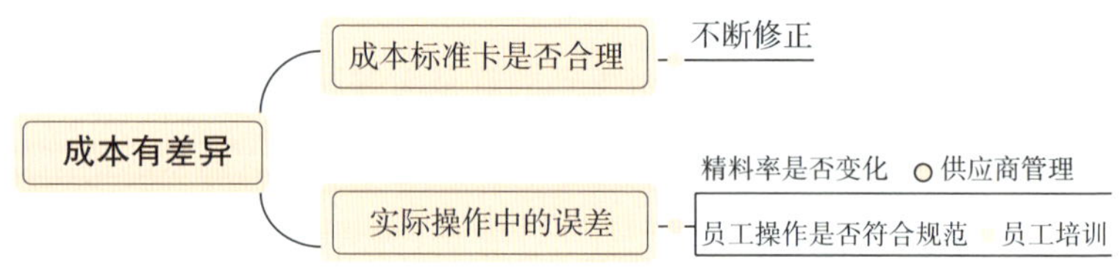

图 9–1　产生成本差异的原因和解决方案

美国佛罗里达州的一家高档餐厅常年将食材浪费率控制在 5%~6%，诀窍有二：第一，准确预测每日用量；第二，采用浪费记录表，如果出现大量的浪费，当日主厨需做出解释。

二看原材料结构：从成本端看供应链端

在分析原材料成本时，可以将原材料归类分析，看每个大类占的比例、需求和价格情况（见表 9–1）。

表 9–1　原材料归类分析表

原材料类别	上期总价	上期占成本比	本期总价	本期占成本比	最近一年综合占比

原材料的归类分析，可以帮助餐厅了解每类原材料的需求情况，从而在选择供应商时能提供明确的指导。从库存管理的角度来说，此种做法也便于安排最佳的进货时段。米油盐、调料和干货类原材料的采购频率相对较低、单次采购量较大，因此了解供货商的送货时间，根据需求制订此类原材料的购货计划十分必要。

1. 定期盘存。这是一种较好的操作方式，便于餐厅推算出剩余原材料的使用时间，并提前制订采购计划。

2. 制定安全库存。这种方法需要餐厅经营者准确预测原材料的日均用量，制定出安全库存标准，当实际库存低于安全库存标准时，则下单。此方法在保证原材料不缺货的同时，还能让库存成本和进货成本降至最低。

提请餐厅经营者注意，原材料结构也是监管采购部门的有力工具。通常来说，一家稳定经营了一段时间且菜品没有出现重大变化的餐厅，各项原材料的比例应该维持在一个正常的范围之内。如果餐厅经营者发现某项原材料的订货量频繁增加，在排除销量猛增的因素之后，便意味着采购环节可能出了问题。

三看销售结构：从成本数据倒推销售策略

成本分析有时也会对菜品的销售层面产生直接影响，让我们看看下面的例子。

> 某家餐厅有两道菜品——土豆牛肉和辣子鸡丁。土豆牛肉的毛利率是 60%，辣子鸡丁的毛利率是 70%。卖出不同数量的土豆牛肉和辣子鸡丁组合，餐厅的综合毛利润大相径庭（见图 9–2）。这一点体现在成本数据上，就是不同的原材料（牛肉和鸡肉）比例。

土豆牛肉	辣子鸡丁	毛利润
销售额 4000 元	销售额 6000 元	6400 元
销售额 6000 元	销售额 4000 元	6600 元

图 9–2　不同的菜品销售组合的毛利润不同

餐厅经营者可以列出每个菜品的标准成本和实际销量，根据毛利率推出最优的成本结构，与之对应的自然就是最优销售组合。即便餐厅经营者在短期内很难找到最优的销售组合，多卖出一些毛利率高的菜品总是没错的。

销量预测：最靠不住的是直觉

对于销量的预测影响着餐厅运营的方方面面，比如合理备货、安排人手、营销策略等。让我们在脑海中试想以下这个场景：

> 听说附近一家新开的餐厅有五星级酒店的大厨坐镇，小王对餐厅里的各种高规格美食充满了期待，便高高兴兴地约了朋友前去享用。到了餐厅之后，小王被服务员泼了一盆冷水——由于前来用餐的顾客太多，很多主打菜已经售罄。小王心里十分失落，用餐体验直线下降，暗想："这家餐厅真差劲，没有金刚钻，揽什么瓷器活儿啊？"

在现实生活中，这样的场景经常上演，严重影响了餐厅的美誉度。大多数餐厅经营者都知道准确预测菜品销量的重要性，却苦于无法科学合理地预测。各大系统服务商也大都没有这项功能，只能凭借直觉预估，离真实情况相差甚远。究其原因，主要有以下两大难点。

1. 不确定性因素太多。受季节、节日、天气等外在因素和推广活动、特价菜、更换菜单等内在因素的共同影响，餐厅菜品的销量往往不太稳定，难以准确预测。

2. 时段对不同餐厅的不同影响。餐厅在不同时段的营业情况肯定不一样，具体对应细节则需视实际情况而定，有些餐厅按小时甚至按午、晚餐区分就已足够，有些餐厅细致到每十分钟才能确保准确度。

难做并不意味着不能做。如果餐厅经营者能够排除一切内外因素，利用历史数据构建起基础模型，也能够对菜品的日常销量拥有基本把握。在这方面，某家餐厅的做法颇有借鉴意义。

这是一家主营烤三文鱼的餐厅，菜品对食材的新鲜度要求较高，通常一天会备两次货，因此对烤三文鱼的销量预测也有较高的要求。为了精准备货，这家餐厅将烤三文鱼的周销量变化情况绘制成图 9–3。

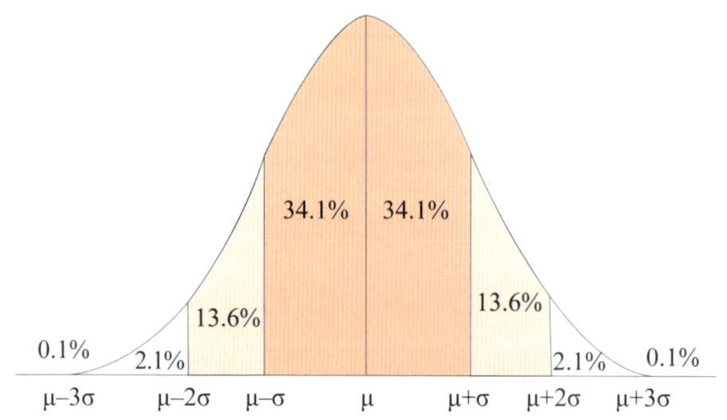

图 9–3　某餐厅烤三文鱼的周销量变化情况

不难发现，这家餐厅烤三文鱼的销量呈正态分布，大多数时候都会落在平均值附近正负一个标准差的区间内，在这个区间内备货一般不会出现积压情况。那么，餐厅经营者应该如何选择能准确预测菜品销量的历史数据呢?

1. 同类型时段的数据一起统计。比如对于主营写字楼工作餐的餐厅而言，周一到周五的午餐营业数据就属于同一个类型，可以放到一起统计。

2. 剔除特殊情况。特殊情况需要特殊考虑。餐厅经营者在构建菜品销量的基础模型时，应先剔除特殊天气、节日、活动等的数据。当要预测特殊情况下的销量时，可以结合之前的类似情况进行考虑。

3. 随餐厅发展进行微调。餐厅在不同发展时期接待的客流量肯定不一样，应季菜单的更换也会对客流量产生较大影响。所以，餐厅经营者在选择“种子”数据时，应以近期为主。预测菜品销量所需的数据并不要求数量庞大，重点在于更贴近想要预测的未来时段。

言及于此，可能有些初创餐厅的经营者会发出这样的疑问：“我的餐厅刚开业没多久，没有历史数据怎么办？”对于新开业餐厅而言，各菜品的销量确实较难预测，但是日均营业额在选址初期就能有效测算。

总营业额＝客流量（可以通过第三章中提到的“掐表数人流”方式统计）× 客单价

如果这家餐厅并不是经营者开的第一家店，那么客单价的浮动大致在 10% 的范围以内。如果确实是一个全新的概念，那么餐厅经营者不妨借鉴下面这家日式居酒屋的算法（见表 9–2）。

表 9–2　某日式居酒屋的客单价计算　（单位：美元）

	品类均价	点单比例	平均每人每单点的次数	客单价
菜品类				
烤物类小盘菜	15.0	90%	1.0	13.5
日式甜品	3.5	20%	1.0	0.7
饮品类				
非酒精类饮料	1.5	5%	1.0	0.08
免费水	0.0	5%	1.0	0
烈性酒	9.0	10%	1.0	0.9
葡萄酒	8.0	5%	1.0	0.4
日式啤酒	6.0	42%	2.0	5.04
日式清酒	5.0	45%	2.0	4.5
合计				25.12

表 9–2 中的品类均价由菜单的定价决定，点单比例则为顾客点此品类的比例。这家日式居酒屋的主营菜品是烤物类小盘菜，于是店主预估 90% 的顾客都会点此品类中的菜品。平均每人每单点的次数就是这 90% 的客人平均每人每单会在烤物类小盘菜中点多少菜品。最后将品类均价、点单比例和平均每人每单点的次数三者相乘，得出各个品类的客单价，全部品类的客单价之和即是总客单价。

除此之外，利用点单比例也能预估每个品类的销售额。将总销售额分解到各个品类，餐厅在备货时就不会乱了分寸，日后也方便根据每天的营业数据进行调整。

财务健康的临界点

先来看看 50 年前美国的甲、乙两家餐厅。甲餐厅规模较大，投资额为 300 万美元，厨师的厨艺精湛，对菜品要求精益求精，深受顾客欢迎。每年甲餐厅有 150 万美元的净现金流，ROI 达到 50%。

乙餐厅规模较小，厨师水平一般，菜品也很普通，利润较薄，每年的现金流只有 15 万美元左右，ROI 为 15%。

假设你手头有 50 万美元，这两家餐厅都来找你投资，你会将钱投给哪一家？甲餐厅应是绝大多数人的必然选择。

50 年后的事实却让人大跌眼镜。当年投入甲餐厅的 50 万美元打了水漂，甲餐厅因为财务管理不善早已倒闭。而投入乙餐厅的 50 万美元，回报却高达 5000 万美元，几乎每个中国人都听过它的名字——麦当劳。

麦当劳的成功之处，在于它将餐厅做成了一个极易复制又可控制的模型。通过财务管理技术，麦当劳找出了让企业持续赢利的关键节点，然后对现有资源进行优化配置，简化产品、规范流程，避免对特殊资源和外部条件的依赖，形成自己的发展模型。麦当劳将此模型反复复制，将一个不起眼的小餐厅做成了跨国巨头，年赢利 20 亿美元。

提起财务管理，很多餐厅的经营者就会大伤脑筋，然而麦当劳正是依靠出色的财务管理技术，打造了如今的餐饮王国。餐饮业是现金流为王的行业，80% 的餐饮店死于资金流断裂，对餐厅的财务情况了然于胸是餐厅经营者的必备素质。为让经营者对餐厅的财务健康状况一目了然，我们总结了以下三个技巧，以供学习和参考。

计算“现金流临界点”

有些餐厅经营者或许会认为这个技巧很简单，每天看看当日的营业额和成本，保证处于赢利状况就行。其实，这远远不够。在本书第三章中，我们提到了计算现金流所需的三大数据：营业额、各项成本（采购、人力、租金和日常运营）和摊销。

一家初始投资为 56 万元的餐厅，在装修、设备购置和开业前运营三大项上花费了 45 万元，如果按 5 年等额摊销，每个月的摊销金额就是

$$45 \div (5 \times 12) = 0.75 \text{ 万元}$$

该餐厅的成本可分为固定成本和可变成本，可变成本主要

是食材成本（假设为 30%），固定成本是该餐厅每月必须支出的费用，包括

房租（假设为 0.69 万元）+ 人员工资（假设为 3 万元）+ 水电、办公等（假设为 1.6 万元）+ 摊销（假设为 0.75 万）=6.04 万元

当现金流为零元时，餐厅便进入保本经营的临界状态。临界状态所需月营业额被称为现金流临界点

（6.04–0.75）÷（1–0.3）≈ 7.6 万元

假设这家店的客单价是 25 元，那么每天餐厅需至少接待（76000 ÷ 25）÷ 30 ≈ 102 人次，才可维持餐厅的正常运营（见图 9–4）。

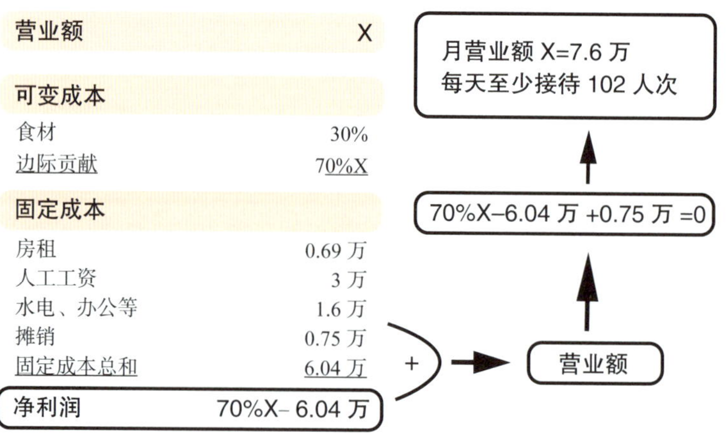

图 9–4　某餐厅的相关财务数据

如果现金流出现负值，餐厅经营者也别过于慌张，请先对餐厅的营业额进行一个预测，然后根据现存的资金计算出若无新的资金注入餐厅能维持运转的时间，以此判断是否真的需要从外部寻找新的资金。

确定餐厅的现金流临界点，相当于设定了一个报警器，让经营者得知要想保本必须达到的营业额底线，并且能把握好融资时机。

计算“盈亏平衡点”

盈亏平衡点是餐厅开始赢利的临界点。利用现金流算出的临界点能保证餐厅生存，却不能让餐厅真正赢利，所以当餐厅成功越过生命线，就要向二级目标进发。让我们继续上文的计算。

> 盈亏平衡意味着餐厅营业额能覆盖所有成本，所以当收益为零元时，可得月营业额的临界值为 6.04÷（1–0.3）≈ 8.6 万元（见图 9–5），即每天至少接待（86000÷25）÷30 ≈ 115 人次，平均日营业额需达到 2867 元。保持这个盈利水平，餐厅 5 年后即可收回初始投资。

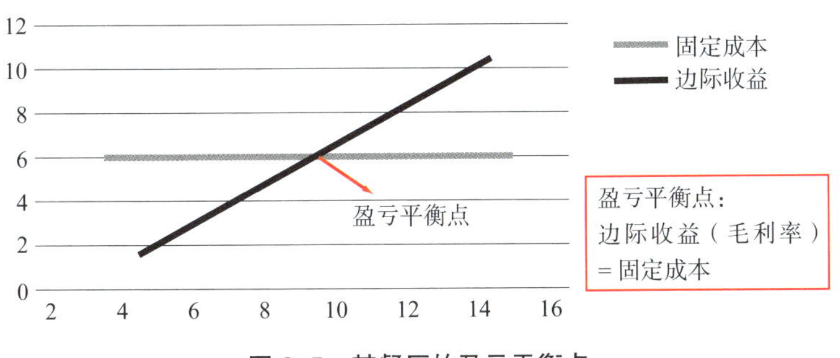

图 9–5　某餐厅的盈亏平衡点

计算“投资收益”

对于普通餐厅而言，5 年的资本回收期过长，餐厅经营者有必要设定更高的营业目标。在设定这一目标之前，可以用销售投资比评估自己的资本偿还能力。

销售投资比，即年预期销售额与初始投资的比例，这个比例必须大于 1。目前，国际上排名前 50 的餐饮连锁企业，销售投资比大概在 1.2。

麦当劳的美国市场曾于 2002 年遭遇一次危机，三年内股价下跌了 60%，从其销售投资比的变化中也能窥见一斑。这次危机的爆发，一方面是由于其他新兴餐饮形式的冲击，另一方面则是麦当劳不顾美国经济环境的变化，在本土大肆扩张，以致出现了严重的资金运转问题（见表 9–3）。因此，麦当劳果断地在 2003 年将开店计划减少了 40%。

表 9–3 逐年降低的麦当劳销售投资比 （单位：美元）

年份	平均每门店年销售量	平均门店投资额	销售投资比
1960	200000	75000	2.66
1996	1439000	1176000	1.22
2001	1647000	1600000	1.02
2002	1628000	1700000	0.96

假如上文那家餐厅的经营者希望在一年内收回成本，就意味着除了达到盈亏平衡点的营业额之外，还需要额外收回 56 万元的初始投资。因此，每天的目标营业额应为 560000 ÷ 12 ÷ 30 ÷（1–30%）+ 盈亏平衡点的日营业额（2867）≈ 5089 元。

如果餐厅已经收回成本，那么就可以用每年想要达到的投资收益替换初始投资，进而得出营业目标。

你的餐厅真的“满”了吗

> 在现实生活中，我们经常能见到这样的场景：有一家顾客盈门、生意“火爆”的餐厅，每到用餐高峰期，餐厅内桌桌坐满、觥筹交错，餐厅外等待用餐的顾客也已排起长龙，期待服务员叫到手中的等位号码。然而，如果你仔细观察，却不难发现餐厅内的许多四人桌上只有两名顾客用餐，这家看似“爆满”的餐厅真的“爆满”了吗？

在很多人看来，餐厅卖的无非就是菜品和服务。其实不然，餐厅跟大部分“过时不候”的行业一样，也在做着空间和时间的生意。在类似的航空业和酒店业中，以提高单位时间内单位空间产出为目标的收益管理，是行业赢利的关键。因此，在人均消费、翻台率等大家熟知的餐厅收益考核标准之外，美国康奈尔大学的雪莉教授又提出了一个全新指标——每餐位小时收益，并称它才能真正反映餐厅有效产出的水平。

每餐位小时收益＝餐厅收益总额 ÷（座位数 × 平均用餐时长）

提出这一指标的目的，在于最有效地利用餐厅的空间和时间，让我们从以下两个维度进行分析。

时间维度：平均用餐时长

平均用餐时长，是指利用 POS 系统里记录的开台和关台时间，得出各个用餐时段的平均值。不同的用餐人数组合的平均用餐时间会略有不同。基本上，用餐人数越多，时间越长（见表 9–4）。

表 9–4 不同用餐人数组合的平均用餐时间

用餐人数组合	用餐时长		
	早餐	午餐	晚餐
1	37	53	63
2	36	60	76
3	39	66	83
4	35	66	85
5	45	64	96
6	35	65	96

关注数据的意义，在于及时发现餐厅现有的问题，有针对性地提出应对措施。比如，平均用餐时间较长，餐厅能否改进出餐速度，以此控制顾客的用餐时间。

需要注意的是，有时数据也会“说谎”。单看某一方面的数据可能比较片面，没有反映出餐厅的真实情况。如果我们只看用餐时长，就会觉得五人和六人的晚餐耗时太长，不利于 E 五人和六人用餐是否浪费了餐厅固有的资源。

空间维度：餐位使用率和餐桌使用率

餐位使用率跟餐桌使用率同源，都是用资源的实际使用数量除以资源的可用数量。

餐位使用率＝使用的餐位时长 ÷ 可用的餐位时长
＝（使用的餐位数 × 平均用餐时长）÷
（可用的餐位数 × 计算期时长）

餐桌使用率＝使用的餐桌时长 ÷ 可用的餐桌时长
＝（使用的餐桌数 × 平均用餐时长）÷
（可用的餐桌数 × 计算期时长）

为了表现出各个时段的差异性，经营者可以将餐厅内每天每个小时的不同餐位的使用率情况做成图 9–6。

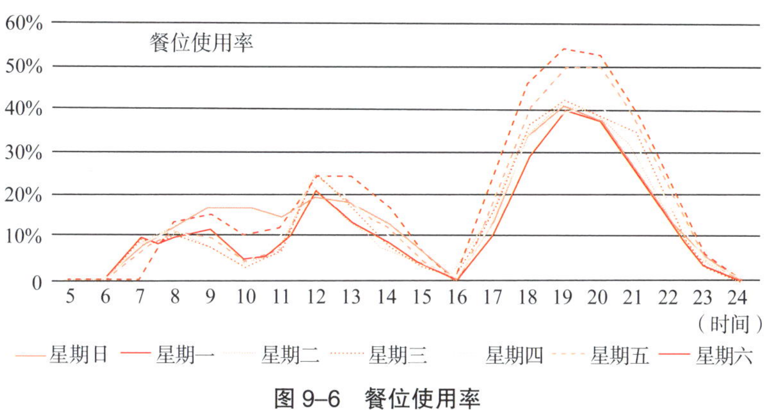

图 9–6 餐位使用率

同样，对每个餐位每小时的不同收益情况，也可以做出这样一张图（见图 9–7）。

提升餐位使用率，自然可以提高餐厅的每个餐位每小时的收益。换句话说，经营者要尽量保持餐位组合和用餐人数组合的高度匹配，让每个座位都能帮餐厅赚钱，不能出现明显的座位闲置现象。要想实现这一目的，餐厅的历史营业数据便可再次派上大用场。通过对历史数据的分析，餐厅经营者能够计算出各种用餐人数组合的比重，从而对餐位组合做出相应调整。

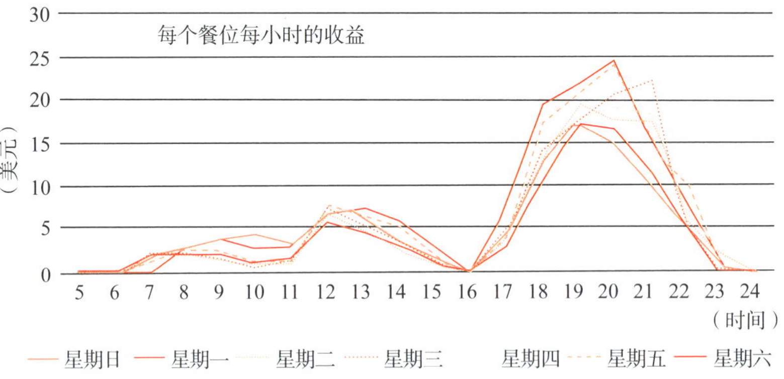

图 9–7 每个餐位每小时的收益

某家餐厅拥有 162 个餐位，其中二人桌有 21 张，其余都为四人桌。在对其历史数据进行分析之后，可以将用餐人数组合及其所占的比例进行加权平均，算出平均用餐人数为 2.96。用餐位数（162）除以平均用餐人数（2.96）可以得出平均需要的餐位数约为 54.73。将这个数字再按用餐人数组合的比重，分配到各个餐桌类型，即可算出最优的二人桌数量是 34，四人桌是 16，六人桌是 5（见图 9–8）。

餐位数 162

用餐人数组合	比重	餐桌数	最优餐桌数
2	60.8%	33.28	34
4	30.4%	16.64	16
6	8.8%	4.82	5

限制条件

平均用餐人数 2.96
所需餐位数 54.73

图 9–8 某餐厅最优桌位配置情况（以餐位数固定为前提）

毫无疑问，对比现有的21张二人桌和30张四人桌，餐厅内的大量座位并没有得到有效利用。如能按照最优餐桌数进行桌位调整，餐厅在同一时段便能接待更多的客人，收益也会随之上涨。

使用以上方法进行计算的前提是假设餐位数固定，到了真正进行桌位调整的时候，因为桌型的变动，很可能会出现放不下或有空余地方的情况。以下算法是以餐厅座位区可使用面积固定为前提的，有效避免了上述情况的发生。

同样还是以这家餐厅为例。餐厅的座位区的可使用面积为225平方米，每个类型餐桌所需面积如图9–9所示。计算时将平均用餐人数替换为平均所需面积，得出所需餐桌数，再按照用餐人数组合的比重分配，即可得出最优餐桌数组合。

座位区使用面积　225平方米

用餐人数组合	比重	餐桌所需面积	餐桌数	最优餐桌数
2	60.8%	3.15	32.21	33
4	30.4%	5.5	16.10	16
6	8.8%	7.5	4.66	4

限制条件

平均所需面积　4.25平方米
所需餐桌数　52.98

图9–9　某餐厅最优桌位配置情况（以座位区可使用面积固定为前提）

以上两种计算方法，都需要餐厅历史数据的支持，适合拥有三个月以上有效经营数据的餐厅使用。现在有很多的排队软件起到了一定的记录作用，但只能提供部分数据，经营者不可对其过度依赖，最好的方法还是在餐厅的 POS 系统中准确记录数据。

餐厅在不同的用餐时间会遇到不同的用餐人数组合。比如，中午以商务简餐为主的餐厅两人以下的用餐人数组合占多数，到了晚上的休闲时段，可能四人用餐的情况会多于中午。两个时段计算出来的最优餐位组合有很大可能并不一致。餐厅经营者可以选择一个影响比较大的时段作为改良标准，或者使用容易拆分或组合的餐桌。在实际布局的时候，留出临时改换的空间。

此外，餐厅领位的作用也不可小觑。领位如同十字路口的交通指挥员，控制着餐厅流量的速度，是影响餐厅收益的重要角色。如果餐厅调整了餐位，领位却不知其意，仍旧安排两人坐四人位，一切努力就打了水漂。

会员管理的数据决策

餐饮业的竞争历来残酷，没有一个品牌可以轻易长期领跑。即便某品牌拥有先发优势，也很容易被有资本支持的后来者弯道超车。道理其实很简单：只要有资金支持，地段可以抢，人才团队可以挖，装修设计更是可以直接拿来就用。如果供应链也能发展得比先发者更快，那么“后浪”有很大可能将“前浪”拍在沙滩上。在这种情况下，要想守住自己的先发优势，“前浪”只剩下一条路可走——抢占顾客心智，牢牢抓住现有顾客的情感（成为会员），与之建立更深的联结（管理会员），这也就是会员管理的意义所在。

对于大部分餐饮品牌而言，“促进消费 + 增强用户忠诚度”是所有形式会员制度的共同目标，而一般情况下，会员关系则需通过储值或积分两种形式来维系。结合重要程度越发凸显的“数据”的力量，这两种会员制度的原理就能被更容易理解，真正为餐厅起到提升会员黏性的作用。

储值

作为一种比较传统的会员管理方式，会员储值一直在中餐和传统酒楼被广泛使用。它的优势很明显——增加餐厅的现金流，提升顾客复购率。在这一点上，储值卡和信用卡十分类似，它可以使顾客失去“省钱”的意识。储值卡的缺点也十分明显，由于采用的是预付的方式，顾客很容易遗忘存在卡里的钱，并不会带给顾客如信用卡还款时的强烈痛感。

储值卡能否真正拉动顾客多次消费，进而提升餐厅的整体营业额？这个问题的关键在于储值金额的设定。如果储值金额太低，只等同于顾客消费一次的水平，那么顾客当次消费即可打折，储值卡的价值便无法体现。如果储值金额太高，则会让大部分顾客望而却步，起不到拉动消费的实际作用。

此外，餐厅经营者还需注意储值卡发放指标的问题。如果单月指标过高，餐厅工作人员只能加大推销储值卡的力度，很容易让顾客反感。

那么，储值金额应设定为多少比较合适？单店储值卡推销指标又应该定为多少呢？数据能告诉我们答案。

1. 最佳储值金额。在给出答案之前，先来看看星巴克如何设定会员卡（星享卡）的购买金额。

在星巴克，获得星享卡需要支付98元。卡片附带三项权益：一张指定商品30元优惠券，两张买一赠一券，三张早餐时段饮品半价券。

因此，如果顾客只是碰巧选择了这家星巴克，他一定不会参与办卡这种需要预付款并且还对本次消费没有任何优惠作用的“圈粉”活动。如果顾客是咖啡的高频消费者，这张星享卡则一定会吸引他。5张咖啡券加起来约等于折掉三杯半的饮品价格。

相对星巴克三四十元的客单价而言，星享卡的购买金额大致是近三倍水平，这也是业界公认的标准。当然，星享卡不是储值卡，顾客支付的98元并不是直接用于购买三杯咖啡，而是获得买一赠一或半价券，这一点较为特殊，值得餐厅经营者借鉴。一般来说，餐厅储值卡的金额水平设定为足够顾客消费三次还稍有剩余比较合适。

最佳储值金额＝客单价 ×3

2. 单店储值卡推销指标。在通常情况下，顾客办卡率在10%~30%，每个品牌在制定的时候要参考细分行业均值。比如，火锅品牌就参考火锅行业的办卡比率平均值，在这个基础上制定餐厅的单店储值卡推销指标较为准确。

单店储值卡推销月均指标＝月均接待人数 × 细分行业办卡比率平均值

积分、升级

“积分制度”通过记录会员的消费频次或金额，让累积到指定数量的顾客享受优惠，比如兑换礼品、打折甚至免单，从而在一定程度上起到促进顾客消费的作用。这种会员体系需要设置合理的“积分福利”，如果顾客需要长久的消费才能换来并不明显的优惠，会让他们从一开始就丧失参与的兴趣。

在解决了储值的问题之后，积分的问题便接踵而至，这也是大部分餐厅共同存在的问题：在首次储值用完之后，顾客不再消费了怎么办？在这个问题上，星巴克的应对思路或许能对餐厅经营者有所启发——会员成长体系。会员成长体系的基础一般是积分，不同积分的顾客拥有不同的“身份”，不同“身份”的顾客享受不同程度的“待遇和福利”。这是一个由身份决定权利、再由权利决定福利的过程。

> 星巴克将会员分成三个等级，冠以“银星会员”“玉星会员”“金星会员”三种不同的“等级头衔”。每升一个等级，对应的福利也会增加，比如玉星会员可以享受饮品券、生日邀请券的优惠，金星会员则在此基础上额外获得周年庆饮品券、金星专属电子星礼卡等福利。
>
> 在不同级别之间进阶的纽带则是积分。顾客在持有星享卡的基础上，每消费 50 元积一颗星（星巴克 App 上消费 40 元即可积一颗星），星星达到一定数量可以完成级别的转换，比如从银星到玉星需要积满 4 颗星，也就是需要消费满 200（160）元。

看到这里，或许餐厅经营者都应该细想一下：为什么星巴克将这一升级门槛设定为“200 元”？要想明白这个问题，我们还需回头说说星巴克的星享卡。

> 对于大多数购买了星享卡的顾客而言，既然付出了 98 元用于买卡，就会下定决心把自己的付出赚回来，那意味着至少 3 次 30 元的消费。加上之前付出的 98 元购卡费，顾客已经为这张卡付出了至少 188 元（3×30+98）。从银星会员升级为玉星会员，需要顾客消费满 200 元，也就是在已经消费 90 元的基础上，再消费 110 元（200–90）。

试想，当一位顾客在某家餐厅消费了 188 元之后，他是否愿意再花费 110 元钱以获得更多更大力度的优惠和福利？这其实涉及“沉没成本”的概念。

沉没成本是指由于过去的决策已经发生了的，而不能由现在或将来的任何决策改变的成本。人们在决定是否做某件事情的时候，不仅会考虑这件事对自己有没有好处，还会考虑过去是否已经在这件事情上有过投入。

当顾客在星巴克投入了 188 元的沉没成本后，再花费低于此成本的 110 元钱即可升级，相信大多数会员都愿意跟星巴克把游戏继续下去——从银星到玉星，再从玉星到金星。这其实正是会员升级的核心动力：永远让顾客稍微踮起脚尖，就能触及下一个等级的门槛。在这个门槛的背后，数据又成了真正的决策依据。

会员升级门槛：二八法则

二八法则是餐饮行业的“金字诀”，应用的范围极为广泛。对于一家餐厅而言，往往是 20% 的核心顾客在致力于整个餐厅的发展，所以升级门槛的作用，就是用这 20% 顾客的力量影响剩下 80% 的顾客。比如，某家餐厅在一定时间内，20% 的顾客到店消费了 5 次及以上，而其他 80% 的顾客都是 5 次以下。那么，这 20% 的顾客就是该餐厅的核心顾客，餐厅将第一级会员的门槛定为“客单价的 5 倍”比较合理。

无论餐厅打算将会员分成多少层级，二八法则都能适用，仅需将 20% 的顾客不断再细分来设置门槛。比如，到达第一级之后的顾客，又会受到核心顾客中的 20% 的人影响，向着第二级进军，依此类推。

评估

会员管理不是一件一劳永逸的事情，经营者为餐厅制定了会员体系的基本玩法规则后，还需定期检验、评估其有效性，设置对比组是较为常用的一种方法。比如，餐厅经营者可以将店内“差两次消费就可以升级的会员”随机分成两组，向其中一组推送“升级福利”的提醒消息，另一组则不推送。此后，测算在一段时间内这两个组的成员，是否出现了明显的消费差异。如果消费差异较为明显，则说明餐厅的会员管理体系较为有效且运转顺畅。反之，则需要经营者及时加以调整。

看好自家的一亩三分地，并不断为之注入新鲜血液，保持餐厅的市场竞争力，是所有餐厅经营者都需要考虑的问题。在同业竞争如此激烈的情况下，餐厅需要一个安全空间进行试错、迭代，实现品牌升级，而不是在竞争伊始就被虎视眈眈的对手瓜分尽流量。会员管理体系恰能扮演好这个安全空间的角色，不过，它需要通过科学的数据手段辅助决策，而不是简单的“灵光一现”。

案例

眉州东坡的数据化之路

未来的餐厅经营是数据化的，经营者可以根据历史经营数据，预测原材料采购的数量，减少时间和空间的浪费，提升库存的周转率，甚至预测餐厅未来的收入，这些是优秀的餐厅经营者必备的能力之一。

将菜做好只是餐厅经营的第一步，如何有效地收集数据、甄选数据、使用数据，是每位餐饮从业者的必修课。眉州东坡可算是餐厅数据化经营的先行者之一，我们通过眉州东坡的实际案例，见识一下数据在餐厅经营领域的神奇魔力。

门店开发：以数字模板为标准

眉州东坡曾在中关村开了一家分店，这个决策让其吃尽了苦头。按照眉州东坡集团副总裁郭晓东的说法："当时那个地方，都是普通工薪族和电子城商户，没有中式正餐的消费能力，都是中式快餐，所以公司两年都没有赚钱。"

教训无疑是惨痛的，好在眉州东坡痛定思痛，借助积累下的历史经营数据转变了自己的开店策略。利用比较月营业额和分析所在区域的商圈与人流，眉州东坡将门店划分为位于生活区的社区店、位于购物中心的商业店，以及"商场中的社区店"（在商场 1 楼临街有门脸）三种。

在门店类型确定之后，又有一个问题摆在眉州东坡面前——开多大的店最合适？好在数字又展现了它的神奇魔力。历史经营数据显示，600~1200 平方米的社区店和 500~800 平方米的商业店都能让眉州东坡获得最理想的平效。

此外，眉州东坡还发现了一个有趣的现象：面积较小的店面并不意味着更少的客流量，400 平方米的店比 1200 平方米的店客流量少不了多少。

帮眉州东坡做到这一点的仍是数据。每一桌客人点菜，服务员在记下菜品的同时，也记下了就餐人数和到店时间。通过这些数据系统，眉州东坡再次找到了其中的规律。比如，社区店往往以家庭聚餐、宴请为主，对包间和圆桌的需求量大，商业店则聚集了更多两三人为一组的同事和朋友，需要安放大量四人座或二人座，来满足人们匆匆就餐、随后继续工作或购物的需求。

开在北京都汇天地购物中心的眉州东坡店只有 413 平方米，除去后厨的 90 平方米，323 平方米的空间内依然摆下了 146 个餐位。在这家门店里，眉州东坡大量使用了 80 厘米 ×80 厘米的方桌，能在二人座、四人座和组合拼桌间灵活切换。方桌边长也是依数据而定，门店的管理者分析了 2~4 个客人大概会点多少主菜、凉菜和汤菜，再根据它算出一个不会占太多地方，也不会装不下菜的桌面面积——80 厘米 ×80 厘米。

从 2013 年起，眉州东坡就开始使用这套模板作为门店开发的标准。提到这套系统，郭晓东极为骄傲：“还没开店前，我们就已经定好了店的类型、装修、设计和餐位。这套模板的误差极小，以前我们在开一家门店之后，需要在经营过程中进行百分之二三十的调整。在启用模板后，调整幅度降到了 5% 以下。”

菜单变更：一切由数据决定

门店类型不同，目标客群自然存在较大的差异。因此，眉州东坡给不同类型的门店分别制定了相应的菜单，菜品也越来越精简。销售数据是眉州东坡精简菜单的重要指标，却不是唯一的参考因素。眉州东坡还会为每一道菜品计算毛利、营业额贡献率以及加工成本。通过这些数据筛选而出的菜品，往往既受顾客欢迎，又能产生较多的毛利。

在新品研发方面，数据依然起着不可替代的作用。眉州东坡会根据市场情况和精简菜单后留下的空缺决定新品方向，这包括它应该属于热菜、凉菜还是汤菜，应该是什么口味，以及毛利大约有多少。随后，眉州东坡的菜品研发人员根据这个“产品方向”，准备五六款菜品，再由管理者品尝决定哪道菜在味道和口感上胜出，可以端上顾客的餐桌。

供应链管理：神奇的“期货管理法”

眉州东坡在食材采购方面，采用的是“期货管理法”。这其实是一个比喻，简单来说，就是锁定食材的全年价格进行采购。“期货管理法”让眉州东坡不再受市场价格频繁波动的影响，也能让餐厅以相对低的价格达成交易。全年价格的制定，需要的并不仅仅是经验，从餐桌到后厨的传送链上的种种数据才是“期货管理法”的起点。

从2006年起，眉州东坡就开始进行相关数据的搜集工作。当时的搜集范围包括200多种蔬菜和80多种水果，数据库——

记录下它们最好的产地、每个产地的出产季节、品相以及月价格走势。通过这些数据，采购部能轻易知晓某种食材在哪个月应该以何种价格从何处采购。

按照数据算出的合理价格和采购量进行采购后，眉州东坡会将食材运送到中央厨房进行统一的清理、切块、配料等粗加工。通过标准化生产，眉州东坡能够有效统一菜品品质，提前制成半成品的食材也能减少厨师在餐厅后厨的操作步骤，压缩后厨面积，缩短上菜时间。

食材从中央厨房到各个门店的运送路线也是数据的产物。眉州东坡的就餐高峰在每天的下午 5 点到晚上 8 点，公司要求配送中心避开高峰期给门店送货。但眉州东坡仅在北京就有将近 100 家门店，要实现非高峰期送货并不是一件容易的事。

为了解决送货问题，眉州东坡在每辆配送车上都安了 GPS（全球定位系统），以此记录车辆在配送途中在哪里做了停留、停留时长和行驶速度。这些数据能够为每一辆配送车规划出合理的线路，即使碰上堵车，也能如期将食材送到各家门店。

民以食为天，餐饮业是商业史上最古老的行业之一。随着移动互联网技术的深入普及，古老的行业尝到了数据的甜头。从门店到后厨，眉州东坡的成功源自方方面面的快人一步。能够做到这一点，不是因为眉州东坡拥有“未卜先知”的能力，而是因为它拥有卓越的数据系统，以及用数据指导经营的先进理念，值得广大餐饮经营者效仿和借鉴。

致　谢

“餐饮行业门槛低”，无数餐饮人因此一脚踏进餐饮圈，却不知它的后半句是“跨过门槛是堵墙”。

站在墙前，有人败兴而退，有人苦苦坚持，能翻过墙的人寥寥无几。在4万亿的餐饮市场中，我们一直期待能出现中国自己的百亿级餐饮品牌。如果能为实现这个目标贡献一些绵薄之力，本书便实现了它真正的价值。这也正是身处餐饮行业的职业教育——勺子课堂——作为餐饮行业的见证者最想看到的。

市场大、企业多、专业化程度低是餐饮行业的写照，给这样的一个行业出一本指引性的枕边书，压力是前所未有的。从第一章开始，本书历时将近两年，其间，每一位勺子课堂的早期记者：贺陈慧、高云凤、何姗、王宏杨、褚秋晨、黄妍、曹丽萍、苏茗雪、于德浩、张玉南，都为这本书立下了汗马功劳。尤其是勺子课堂创业伊始的团队成员贺陈慧、高云凤、何姗，我们一起见证这个行业的起伏涨落，一起经历这个行业的悲欢离合。我们越来越想为这个行业做点什么，也是因为这个，本书被赋予了更多的期待。

感谢每一位为图书出版宵衣旰食的记者，更感谢此刻阅读的你。是你，以及你们的期待，鞭策我们在餐饮经营的探索上勇往直前。

我们很清楚，用一本书说明白整个餐饮业态是不可能的，我们也从未停止对于餐饮行业的观察和思考，并努力争取在未来有更多关于餐饮行业的书出版。仅以此记，作为一条承前启后的分界线。